Molecular Identification of Necrophagous Flies

嗜尸性蝇类

分子鉴定

翟仙敦 著

化学工业出版社

·北京·

内容简介

本书通过总述、分述，再总述介绍了嗜尸性蝇类分子鉴定的应用发展状况、蝇类DNA提取的评价、分子标记的选择以及未来分子鉴定的趋势等内容，是一本基础理论与实践并重的实用工具书。

尽管传统的形态学分类仍旧被广泛应用，但分子生物学的快速发展给嗜尸性蝇类的种属鉴定提供了新的契机，它能够在基因水平上对物种进行快速有效的鉴别，同时还可以探讨昆虫的系统发育学特点。

本书共七章，基于以线粒体和核基因为主的条形码技术为嗜尸性蝇类分子鉴定的研究热点，将分子与形态学鉴定相结合，为嗜尸性蝇类种属鉴定提供更准确、可靠的参考依据。随着测序成本的降低，目前GenBank数据库中常见嗜尸性蝇类的参考序列已基本覆盖，因此分子鉴定将被广泛应用于实际案件中。

图书在版编目（CIP）数据

嗜尸性蝇类分子鉴定/翟仙敦著. —北京：化学工业出版社，2022.2

ISBN 978-7-122-40464-0

Ⅰ.①嗜… Ⅱ.①翟… Ⅲ.①法医学-昆虫学②法医学鉴定 Ⅳ.①D919.1②D919.4

中国版本图书馆CIP数据核字（2021）第254809号

责任编辑：漆艳萍　　　　装帧设计：韩　飞
责任校对：田睿涵

出版发行：化学工业出版社
（北京市东城区青年湖南街13号　邮政编码100011）
印　　装：北京捷迅佳彩印刷有限公司
880mm×1230mm　1/32　印张4¼　字数91千字
2022年4月北京第1版第1次印刷

购书咨询：010-64518888　　　　售后服务：010-64518899
网　　址：http://www.cip.com.cn
凡购买本书，如有缺损质量问题，本社销售中心负责调换。

定　　价：68.00元　

前言

2020年，在司法部《法医类司法鉴定执业分类规定》（司规〔2020〕3号）中，已经明确将法医昆虫学列至第二章法医病理鉴定条款中。该文件的颁布，使昆虫学证据终于能够合法有效地用于法庭审判阶段，法医昆虫学研究和应用也必将迎来新一轮高潮。

随着法医昆虫学的不断发展，应用嗜尸性昆虫的生长发育规律和尸体上昆虫演替规律推断死亡时间成为可能，但这要求快速、准确地鉴别嗜尸性昆虫的种属。分子生物学的快速发展为嗜尸性蝇类种属鉴定提供了新的途径，经过大量的尝试与探索，特别是近十几年来，国内研究者在全国不同地域采集蝇类标本进行序列分析研究，在提取方法、基因片段种属鉴定效果、种属鉴定应用等方面取得了较大的研究成果。

本书根据国内相关记录和研究，结合本人科研实践，对进行过分子鉴定的蝇种、地区及采用的分子标记进行阐述，同时以蝇类分子鉴定中的关键点单独建立章节，以期为我国嗜尸性蝇类的种属鉴定提供基础方法，促进法医昆虫学的发展和应用。

翟仙敦

2021年11月

目录

第一章

我国嗜尸性蝇类分子鉴定的研究现状与分析

一、研究背景

法医昆虫学（forensic entomology）是应用昆虫及其他自然科学的理论与技术，研究并解决司法实践中有关昆虫问题的一门学科，其研究内容主要是通过对尸体或尸体附近采集到的昆虫种类和生长发育状态的鉴定，结合昆虫在尸体上的群落演替规律（the succession of community），帮助法医推断死亡地点（place of death）、死亡时间（postmortem interval，PMI）等问题。

法医昆虫学研究的对象是与尸体有关的昆虫，即嗜尸性昆虫。在法医学实践中，与尸体关系最为密切的昆虫主要是双翅目（Diptera）和鞘翅目（Coleoptera）昆虫。其中，双翅目中的丽蝇科、麻蝇科与蝇科，以及鞘翅目中的埋葬甲科、隐翅虫科、皮蠹科与郭公甲科最为重要。相对于嗅觉灵敏且能长距离飞行的蝇类，甲虫通常稍晚才侵袭尸体。埋葬甲是最早到达尸体的甲虫之一，其往往能在死亡发生 24h 后侵袭尸体，随后隐翅虫与皮蠹也会陆续到来。与蝇类不同的是，嗜尸性甲虫全球性甚至全国性分布的种属较少，仅有大隐翅虫（*Creophilus maxillosus*）、白腹皮蠹（*Dermestes maculatus*）、钩纹皮蠹（*Dermestes ater*）以及赤足腐郭公（*Neccrobiarufipes*）等少数几种[1]。因此，相比较而言，双翅目中的蝇类是研究和实际应用最多的类型。

应用尸体上嗜尸性蝇类生态群落演替规律解决死亡时间推断等问题，首要的任务是鉴定蝇类种属。传统的形态学种属鉴定要求具有丰富的经验，在我国仅有少数形态学专家具备这方面的能力。由于案发现场提取的蝇类样本的多样性和复杂性，非昆虫相关专业基层法医工作人员很难从形态学鉴定其种属。再者，根据形态学鉴定蝇类种属更多的是针对成虫，蝇类幼虫生长发育规律很难把握，难以依据幼虫、蛹、卵形态学特征鉴定其种属。

由于生物DNA不受发育阶段的影响，终生不变，并且分子生物学方法对样本保存条件要求较低，单个翅或足就能提取到足够的DNA。分子标记直接以DNA的形式出现，在动物和植物的各个组织、各个发育时期均可检测到，而且遗传稳定，不受环境及基因表达与否的限制数量极多，遍及整个基因组多态性高，自然存在许多等位基因变异，不需专门创造特殊的遗传材料表现为“中性”，不影响目标性状的表达，与不良性状无必然的连锁，有许多分子标记表现为共显性，能够鉴定出纯合基因型与杂合基因型，提供完整的遗传信息，因而成为遗传标记中强有力的工具，在揭示物种的遗传变异性研究中发挥着独特的优势。

鉴于以上特点，嗜尸性蝇类的分子鉴定成为其形态学鉴定的重要方法补充。科研工作者采用多种方法对多个地区和蝇种进行了广泛而深入的研究。法医昆虫学中研究与应用最多的是嗜尸性蝇类，其种群随死亡时间的变化呈现出不同的生长发育和群落演替规律，对死亡时间推断具有重要意义。嗜尸性蝇类种属的准确鉴定是推断死亡时间的关键，但由于蝇类生长发育规律不同、形态特征相似等原因，仅用传统的形态学方法鉴定其种属往往比较困难。分子生物学的快速发展为嗜尸性蝇类种属鉴定提供了新的途径。

国内外许多研究者在此基础上进行了大量的尝试与探索，特别是近十几年来，国内研究者在借鉴国外研究成果的基础上，在全国不同地域采集蝇类标本进行序列分析研究，在提取方法、基因片段种属鉴定效果、种属鉴定应用等方面取得了较大的研究成果。

本文根据国内相关记录和研究，对进行过分子鉴定的蝇种、地区及采用的分子标记进行综述，以期完善我国嗜尸性蝇类的种属鉴定，促进法医昆虫学的发展和应用。

二、嗜尸性蝇类用于推断 PMI 的瓶颈

利用昆虫学知识进行法医学死亡时间推断，最关键的是要对嗜尸性蝇类种属作出准确鉴定。但在尸体及其附近发现的各发育阶段的蝇类，仅用形态学方法鉴定其种属往往比较困难。究其原因：首先昆虫种类繁多，并且包含许多形态特征极其相近的近似种、近缘种以及种以下的亚种、生物型和地理种群，仅有少数形态学家能对其熟悉科目的种类进行物种鉴定；其二，蝇类卵、幼虫等形态差异较小，鉴别极难，如带回实验室饲养到具有足够形态特征来鉴别的成虫，将耗费大量的时间而影响案件的侦破，并且还要承担孵化失败的风险；其三，很多情况下案发现场只能采集到形态不完整的成虫、蛹壳，形态特征缺失，使形态学鉴定更加困难。嗜尸性蝇类的推广应用存在许多障碍，严重降低了嗜尸性蝇类在实际案例应用中的价值，很大程度上阻滞了法医昆虫学

的发展。因此，广大法医科研工作者和实践者都在努力寻找新的方法解决这一难题。

三、分子生物学鉴定

分子生物学的快速发展给嗜尸性蝇类的种属鉴定提供了新的契机，近 20 年世界范围的相关研究一直呈现上升趋势（图 1-1），它能够在基因水平上对物种进行快速有效的鉴别，同时还可以探讨昆虫的系统发育学特点。科研工作者采用多种方法对多个地区和蝇种进行了广泛而深入的研究。

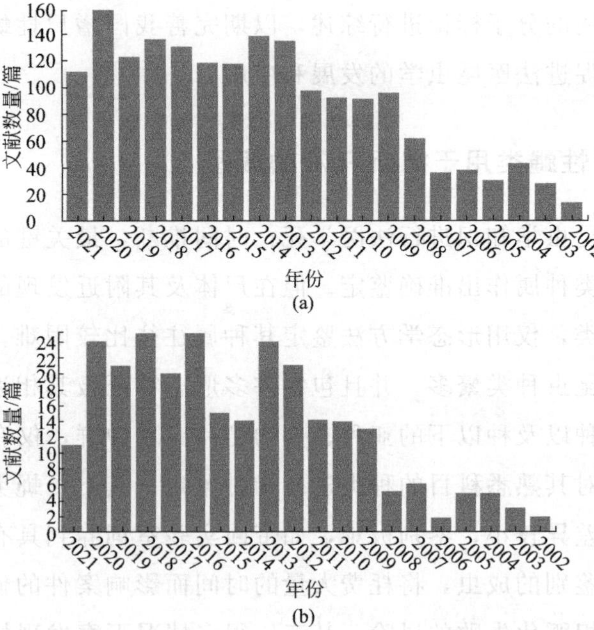

图 1-1　近 20 年世界范围嗜尸性蝇类（a）及其分子鉴定研究趋势（b）

（数据来源：Web of Science ^{TM}数据库）

1. DNA 序列分析是分子鉴定的主要方法

嗜尸性蝇类分子鉴定所用的方法主要有：限制性内切酶片段长度多态性（Restriction Fragment Length Polymorphism，RFLP）、扩增片段长度多态性（Amplified Fragment Length Polymorphism，ALFP）、随机扩增多态性 DNA 标记（Random Amplified Polymorphic DNA，RAPD）、简单重复序列多态性（Inter-simple Sequence Repeat，ISSR）、序列特异扩增区域（Sequence Characterized Amplified Region，SCAR）以及 DNA 序列分析（DNA sequence analysis）[2] 等。但由于方法本身的限制，如 RFLP 由于受酶切位点的限制、RAPD 受遗传方式和引物的限制、ALFP 引物需要使用同位素和非同位素标记等，目前应用最多的是 DNA 序列分析，与其他方法相比更加直观，唯一的缺点就是测序成本较高，但随着测序技术的普及和新一代测序（next-generation sequencing，NGS）的发展，这一方法必将得到广泛应用。

我国学者采用该方法进行了许多研究，蔡继峰[3]、应斌武[4]、白鹏[5]、陈风磊[9]、李进华[10]、王兴华[11]、郭亚东[12]、汤振楚[13]、熊枫[14]、Sanaa[18]、刘钦来[19] 等对全国多个地区的蝇科、丽蝇科、麻蝇科等的多个蝇种，王江峰[6,15] 对广东、河南、四川、陕西的蝇科和丽蝇科 9 个蝇种，陈庆[7] 对北京的 7 个优势蝇种，法娜[8] 对浙江华家池丽蝇科的 7 个蝇种，张红玲[16,17] 对贵阳丽蝇科、麻蝇科、蝇科、花蝇科 4 科 11 属 19 个蝇种，王剑峰[20] 对辽宁省、广东省的蚤蝇科的 4 个蝇种，李学博[21] 对重庆丽蝇科、麻蝇科的 7 个蝇种，吴荣泉[22] 对福建省丽蝇科、麻蝇科、花蝇科、蝇科的15个蝇种，翟仙敦、赵琳

表 1-1　我国用于嗜尸性蝇类分子鉴定的分子标记

序号	分子标记	长度/位置	引物序列	引物来源	使用者
1	COI	278bp	F：5′-CAGCTACTTTATGAGCTTTAGG-3′；R：5′-CATTTCAAGCTGTGTAAGCATC-3′	Sperling, et al., 1994[26]	[3][6][10][12][13][19]
2	COI	1120bp	F：5′-CGAGCTGAATTAGGACATCCTGG-3′；R：5′-TGGGTAATCTGAATAACGTCGAGG-3′	自行设计	[7]
3	COI	272bp	F：5′-CAGATCGAAATTTAAATACTTC-3′；R：5′-GTATCAACATCTATTCCTAC-3′	自行设计	[12][14][18][19]
4	COI 条形码序列	650bp	F：5′-GGTCAACAAATCATAAAGATATTGG-3′；R：5′-TAAACTTCAGGGTGACCAAAAAATCA-3′	Folmer, et al., 1994[27]	[8][16][17][20][22][23]
5	COI	523bp	F：5′-CCCGGTAAAATTAAAATATAAACTTC-3′；R：5′-GGAGGATTTGGAAATTGATTAGTTCC-3′	Ames, et al., 2006[28]	[15]
6	COI	1173bp	F：5′-TACAATTTATCGCCTAAACTTCAGCC-3′；R：5′-CAGCTACTTTATGAGCTTTAGG-3′	Sperling, et al., 1994[26]	[18]
7	COI	498bp	F：5′-CWGCTACTTTATGAGCYTTAGG-3′；R：5′-TCCAWTGCACTAATSTGCCATATTA-3′	Mazzanti, et al., 2010[29]	[21]
8	COI	841bp	F：5′-ATTTTCAACTAATCATAAAGATATTGG-3′；R：5′-GTAGAAATTACATTTCAAGTTGTGTAAGG-3′	自行设计	[21]
9	COII	635bp	F：5′-AGAGCCTCTCCTTTAATAGAACA-3′；R：5′-GAGACCATTACTTGCTTTCAGTCATC-3′	Simon, et al., 1994[30]	[3][12][24]
10	COII	189bp	F：5′-CAGCTACTTTATGAGCTTTAGG-3′；R：5′-CATTTCAAGCTGTGTAAGCATC-3′	自行设计	[12]
11	COII	189bp	F：5′-ATTAGATGTTGATAATCG-3′；R：5′-AC-CAAATTTCTGAACATTG-3′	自行设计	[18]

续表

序号	分子标记	长度/位置	引物序列	引物来源	使用者
12	16SrRNA	513bp	F：5′-TTAAAGTCTGACCTGCCC-3′；R：5′-GTCTGAACTCAGATCACG-3′	自行设计	[3]
13	16SrRNA	553bp	F：5′-CGCCTGTTTAACAAAAACAT-3′；R：5′-CCGGTCTGAACTCAGATCACGT-3′	自行设计	[4][9][12]
14	16SrRNA	289bp	F：5′-CGCTGTTATCCCTAAGGTAA-3′；R：5′-CTGGTATGAAAGGTTTGACG-3′	自行设计	[11][12]
15	CYTB	498bp	F：5′-TATGTACTACCATGAGGACAAATATC-3′；R：5′-ATTACACCTCCTAATTTATTAGGAAT-3′	Simon，et al.，1994[30]	[5][12]
16	CYTB	470bp	F：5′-GGACAAATATCATTTTGAGGAGCAACAG-3′；R：5′-ATTACTCCTCCTAGCTTATTAGGAATTG-3′	Kengne，et al.，2007[31]	[8]
17	CYTB	288bp	F：5′-ATCTATTCCTAATAAATTAG-3′；R：5′-AATTTAATAAATTATCTCATC-3′	自行设计	[12]
18	ND1	726bp	F：5′-AACATGAATTGGAGCTCGAC-3′；R：5′-GTAGCTCAAACTATTTCTTATGAAG-3′	Kastanis，et al.，1994[32]	[5][12]
19	ND5	390bp	F：5′-CCAAAATATTCWGATCAHCCYTG-3′；R：5′-GGATTAACTGTTTGTTATWCTTTTCG-3′	Zehner，et al.，2004[33]	[8][15]
20	ITS1	864bp	F：5′-CGAGCCGAGTGATCCACCG-3′；R：5′-TTGATTACGTCCCTGCCCTTT-3′	Kengne，et al.，2007[31]	[8]
21	ITS2	422bp	F：5′-RRCGGTGGATCACTCGGCTC-3′；R：5′-GTTACTTTCTTTTCCTCCCCT-3′	Nelson，et al.，2007[34]	[8]

琳[23] 和赵祖亮[24] 对河南洛阳、郑州地区蝇科、丽蝇科、麻蝇科的多个蝇种进行了研究。所采用的分子标记所在的基因有：线粒体基因组的COⅠ、COⅡ、16SrRNA、CYTB、ND1、ND5基因和核基因组的ITS1、ITS2基因，分子标记信息见表1-1。但不同学者所采用的分子标记在基因上的位置不同。

2. 我国嗜尸性蝇类分子鉴定地区和蝇种

根据国内嗜尸性蝇类分子鉴定研究和记录进行统计，共有29个省（包括省、自治区、直辖市，不包括香港和澳门），包含丽蝇科（19个）、蝇科（10个）、麻蝇科（12个）、花蝇科（1个）、蚤蝇科（4个）共46个蝇种。总体来说，南方地区研究较北方多，而丝光绿蝇、大头金蝇和棕尾别麻蝇被多地区分子鉴定研究。

四、研究现状及分析

我国地域辽阔，经纬跨度大，气候类型多样，很多地区（王江峰，珠江三角洲；陈禄仕，贵州；李玲，哈尔滨；马玉堃，杭州等）已经在嗜尸性蝇类的生长发育和群落演替规律方面开展了较多研究，但由于地理位置、环境温度、营养状况等自然条件对蝇类的幼虫、蛹、卵的发育影响较大，并且蝇类种类繁多，不同蝇种间的幼虫、蛹、卵的形态差异很小，还存在一些形态特征极其相近的近似种、近缘种以及种以下的亚种、生物型和地理种群，有时同一蝇种的不同地理种群间也存在明显差异，这些都对明确蝇类发育资料和形态学分类带来困难。另外各实验室均是单独研究，没有相对统一的科学标准，研究结果的科学性难以保证。尽管我国学者已经用分子生物学方法针对蝇类的种属鉴定展开了较多研究，但所采用的分子标记多不相同，即使所在基因相同，在基因上的位置（包括长度）也不相同（表 1-1），并且大多是针对单一地区的某几个蝇种的几只样本，没有在全国范围内统一进行（表 1-2）。

表 1-2　我国嗜尸性蝇类分子鉴定地区和蝇种统计

省份	分布蝇种代码	省份	分布蝇种代码
河北	1,2,7,15,24,30,31,38	北京	1,5,12,15,22,31,32,35
山西	1,5,11,12,15,22,24,37,38	天津	1,5,27
辽宁	1,15,20,43,44,45	重庆	1,2,10,13,15,16,20,38
浙江	1,2,3,7,8,10,15,16,20,22,28,31,32	江苏	31
福建	1,2,3,8,10,13,15,19,22,26,29,31	安徽	7,15,31
山东	1,5,7,13,15,30,31,36	江西	1,2,5,15,20,22,24,25,26
河南	1,2,5,7,10,13,15,22,31	云南	31,36,37,38
湖南	1,2,6,8,10,15,18,19,21,24,26,27,30,31,36,39,41	甘肃	1,15,30,31
广东	1,2,3,4,6,7,8,10,13,15,19,22,26,29,31	广西	1,13,15,20,27,31
四川	1,2,8,10,15,16,17,20,22,28,31	陕西	1,5,7,8,10,15,22,27,30
贵州	1,7,8,9,10,11,13,15,16,21,22,24,31,35,37,38,42	宁夏	1,5,15,26,30,31
青海	1,12,15,24,25,30,31,36,37,38,39,40	台湾	2,3,6,8,13,16
内蒙古	1,2,3,5,7,8,10,12,15,19,20,22,26,28,30,31,36,37,38	海南	7,12,13,15,31,37,38

续表

省份	分布蝇种代码	省份	分布蝇种代码
新疆	1,12,15,19,20,24,26,31,36,37,39	黑龙江	30,31,36,37,38

注：1—丝光绿蝇 *Lucilia sericata*；2—铜绿蝇 *Lucilia cuprina*；3—瘦叶带绿蝇 *Hemipyrellia ligurriens*；4—胖叶带绿蝇 *Hemipyrellia pulchra*；5—叉叶绿蝇 *Lucilia caesar*；6—南岭绿蝇 *Lucilia bazini*；7—亮绿蝇 *Lucilia illustris*；8—紫绿蝇 *Lucilia porphyrina*；9—海南绿蝇 *Lucilia hainanensis*；10—巨尾阿丽蝇 *Aldrichina grahami*；11—反吐丽蝇 *Calliphora vomitoria*；12—红头丽蝇 *Calliphora vicina*；13—绯颜裸金蝇 *Achoetandrus rufifacies*；14—白头裸金蝇 *Chrysomya albiceps*；15—大头金蝇 *Chrysomya megacephala*；16—肥躯金蝇 *Chrysomya pinguis*；17—广额金蝇 *Chrysomya phaonis*；18—乌足锡蝇 *Ceylonomyia nigripes*；19—新陆原伏蝇 *Protophormia* terraenovae；20—舍蝇 *Musca domestica vicina*；21—孕幼家蝇 *Musca larvipara*；22—家蝇 *Musca domestica*；23—秋家蝇 *Musca autumnalis*；24—厩腐蝇 *Muscina stabulans*；25—厩螫蝇 *Stomoxys calcitrans*；26—斑趾黑蝇 *Ophyra chalcogaster*；27—厚环黑蝇 *Ophyra spinigera*；28—开普黑蝇 *Ophyra capensis*；29—裸芒综蝇 *Synthesiomyia nudiseta*；30—黑尾黑麻蝇 *Helicophagella melanura*；31—棕尾别麻蝇 *Boettcherisca peregrina*；32—肥须亚麻蝇 *Parasarcophaga crassipalpis*；33—黄须亚麻蝇 *Parasarcophaga misera*；34—褐须亚麻蝇 *Parasarcophaga sericea*；35—急钩亚麻蝇 *Parasarcophaga portschinskyi*；36—野亚麻蝇 *Parasarcophaga similis*；37—酱亚麻蝇 *Parasarcophaga dux*；38—白头亚麻蝇 *Parasarcophaga albiceps*；39—赤尾麻蝇 *Sarcophaga africa*；40—爪哇麻蝇 *Boettcherisca javanica*；41—华南球麻蝇 *Phallosphaera gravelyi*；42—横带花蝇 *Anthomyia illocata*；43—蛆症异蚤蝇 *Megaselia scalaris*；44—东亚异蚤蝇 *Megaselia spiracularis*；45—广东栅蚤蝇 *Diplonevra peregrine*；46—角喙栓蚤蝇 *Dohrniphora cornuta*

很多学者针对不同长度分子标记进行过研究，如COⅠ＋COⅡ全序列或线粒体全基因组分析，但序列长度过长，对提取的DNA质量要求较高，蝇类样本保存条件亦是，同时需要多对引物扩增，测序结果需要拼接，容易产生错误，并且成本较高、对实验人员要求严格，不利于推广。陈庆[7] 采用COⅠ中1120bp

基因序列对北京地区红头丽蝇、大头金蝇、丝光绿蝇、肥须亚麻蝇、急钩亚麻蝇、棕尾别麻蝇、家蝇共7个优势蝇种进行分子鉴定，并且用与蔡继峰[3] COⅠ基因278bp序列中重合的186bp序列构建UPGMA系统发育树，得到了相同的分支模式。但在使用全序列或部分序列构建的系统发育树中，同一物种个体序列聚集的同时也有部分物种整体出现在和分类学结果不一致的位置。刘钦来[19] 采用272bp和278bp COⅠ片段成功鉴定了70多只嗜尸性丽蝇，其中包括一些难以区分的姐妹物种，如丝光绿蝇和铜绿蝇以及亮绿蝇和叉叶绿蝇等，种类鉴别能力值得肯定，但这两个片段在NJ系统进化树上对于属以上高阶元的分类系统与形态学结果有一定出入。这可能与短片段序列所含信息太少有关。关于哪个或哪些基因的哪个片段包含足够的信息用于蝇类的分子鉴定，尚需进一步的研究和实践。

另外，需要说明的是，根据学者Wells等[25] 的研究表明，判定一个遗传标记是否能够进行嗜尸性蝇类的分子鉴定，起决定作用的是种内序列变异的百分比，且与种间序列变异百分比无重叠。联合线粒体基因COⅠ+COⅡ进行鉴定，种内差异<1%，种间差异≥3%，通过分子鉴定，即使不能够准确确定某一特定嗜尸性蝇种，至少可以把未知蝇种定位于某一特定的进化分支上。因此判断样本是否同种，标准不应该局限在种内差异<1%、种间差异≥3%，而应是蝇种是否位于某一特定的进化分支上，并且种内种间变异百分比无重叠。

五、展望

应用嗜尸性蝇类推断PMI是法医学的重要手段，全国范围内没有统一的嗜尸性蝇类生长发育和群落演替规律可循，所以每个地区都有必要开展独立研究，并建立当地嗜尸性蝇类生长发育和群落演替数据库，与此同时开展全国各地区嗜尸性蝇类种属的分子鉴定研究，建立分子鉴定数据库。但以上各项也必须统一进行，建立国家标准以保证研究结果的科学性和实用性。此外对于近缘种的判定需要更多遗传标记的开发和联合应用。

建立快速、准确的种类鉴定是嗜尸性蝇类在法医案件应用中至关重要的一步。尽管传统的形态学分类仍旧被广泛应用，但随着分子生物学技术的发展，作为形态学分类的补充手段，基于各种技术以线粒体和核基因为主的条形码技术逐步成为法医昆虫学的研究热点，随着测序成本的降低，目前 GenBank 数据库中所有常见嗜尸性蝇类的参考序列已基本覆盖，因此已被广泛应用于实际案件中分析应用。DNA 测序已成为大多数分子系统研究的首选方法，但不应忘记，许多替代方法可能更适合更实际的某些应用。但考虑到 Sanger 测序技术时效性存在一定缺陷，以焦磷酸测序、SNaPShot 测序以及高分辨率融解曲线为基础的系统方法也陆续被尝试应用。此外，随着医学信息技术的发展，以电镜扫描、翅脉测量、实时高分辨率质谱分析以及共聚焦显微技术等也相继应用于嗜尸性蝇类的种类鉴定。新技术将分子与形态学鉴定相结合，将为嗜尸性蝇类种类鉴定提供更准确、可靠的参考依据。

参考文献

[1] 吕宙，唐瑞，杨永强，等. 嗜尸性昆虫群落演替及其法医学应用研究进展 [J]. 中国法医学杂志，2015，30 (2)：166-170.

[2] 李亮亮，王禹，王江峰，等. 我国嗜尸性蝇类的鉴别、发育及演替研究现状与分析

[J]. 环境昆虫学报，2016，38（1）：159-169.

[3] 蔡继峰．苍蝇群落演替及 MtDNA 分子标记的法医学研究［D]. 四川大学，2005.

[4] 应斌武．法医昆虫种属鉴定的分子生物学方法研究［D]. 四川大学，2005.

[5] 白鹏．应用昆虫分子系统学对法医嗜尸性蝇类种属鉴定的研究［D]. 四川大学，2006.

[6] 王江峰，尹晓宏，陈玉川，等．五种常见嗜尸性蝇类的分子鉴定［J]. 昆虫学报，2007，50（4）：423-428.

[7] 陈庆，白洁，刘力，等．北京地区 7 种常见嗜尸性蝇类的 COI 基因序列分析及 DNA 条形码的建立［J]. 昆虫学报，2009，52（2）：202-209.

[8] 法娜．中巴法医昆虫种类研究——侧重丽蝇及其分子鉴定［D]. 浙江大学农业与生物技术学院，2009.

[9] 陈凤磊，蔡继峰，郭亚东，等．利用 16S rDNA 序列鉴定常见嗜尸性蝇类种属［J]. 中国法医学杂志，2011，26（5）：362-364.

[10] 李进华，蔡继峰，郭亚东，等．利用 COI 序列鉴定常见嗜尸性蝇种［J]. 中国法医学杂志，2011，26（6）：443-446.

[11] 王兴华．16S rDNA 对中国常见嗜尸性丽蝇的种类鉴定及法医学意义［D]. 中南大学，2011.

[12] 郭亚东．常见嗜尸性麻蝇分子标记的检测及地区基因库的建立［D]. 中南大学，2012.

[13] 汤振楚，郭亚东，蔡继峰，等．应用 COI 短序列片段鉴定常见嗜尸性麻蝇［J]. 中南大学学报（医学版），2012，37（11）：1183-1188.

[14] 熊枫．应用细胞色素氧化酶亚基 I 鉴定蝇科常见嗜尸性蝇种［D]. 中南大学，2012.

[15] 杨静波，姜建军，王江峰，等. mtDNA COI 和 ND5 基因用于鉴别常见嗜尸性蝇类［J]. 中国法医学杂志，2012，27（3）：201-204.

[16] 张红玲．贵阳地区常见嗜尸性蝇类 DNA 条形码研究［D]. 贵阳医学院，2012.

[17] 张红玲，杨明，戴佳琳，等．贵阳地区常见嗜尸性蝇类丽蝇科 DNA 条形码的构建［J]. 贵阳医学院学报，2012，37（5）：490-492，496.

[18] Sanaa MohamedAlyAly. 基于不同长度的 COI 和 COⅡ 基因片段分子鉴定嗜尸性双翅目昆虫［D]. 中南大学，2013.

[19] 刘钦来．嗜尸性丽蝇分子标记的检测及发育规律的研究［D]. 中南大学，2013.

[20] 王剑峰，申熙熙，冯典兴，等．应用DNA条形码技术对蚤蝇科性二型鉴别［J］. 应用昆虫学报，2013，50（1）：86-92.

[21] 李学博，刘东，巩强，等．NCBI数据库在常见嗜尸性蝇类种属鉴别中的应用［J］. 中国法医学杂志，2014，29（1）：11-14.

[22] 吴荣泉，张建庆，方义亮，等．DNA条形码技术在福建省蝇类鉴定中的应用［J］. 中国媒介生物学及控制杂志，2014，25（6）：514-517.

[23] 赵琳琳，翟仙敦，张振，等．洛阳地区常见嗜尸性丽蝇的COI序列分析［J］. 河南科技大学学报（医学版），2016，34（4）：286-288.

[24] 赵祖亮．郑州地区5种食尸性苍蝇mtDNA中COⅡ基因序列的检测［D］. 郑州大学，2010.

[25] Wells J D，Sperling F A. DNA-based identification of forensically important Chrysomyinae（Diptera：Calliphoridae）［J］. Forensic Sci Int，2001，120（1）：110-115.

[26] Sperling F A，Anderson G S，Hickey D A，et al. A DNA-Based Approach to the Identification of Insect Species Used for Postmorten Interval Estimation［J］. J of Forensic Sci，1994，39（2）：418-427.

[27] Folmer O，Black M，Hoeh W，et al. DNA primers for amplification of mitochondrial cytochrome c oxidase subunit I from diverse metazoan invertebrates［J］. Mol Mar Biol Biotechnol，1994，3（5）：294-299.

[28] Ames C，Turner B，Daniel B，et al. The use of mitochondrial cytochrome oxidase Ⅰ gene（COⅠ）to differentiate two UK blowfly species：Calliphora vicina and Calliphora vomitoria［J］. Forensic Sci Int，2006，164（2）：179-182.

[29] Mazzanti M，Alessandrini F，Tagliabracci A，et al. DNA degradation and genetic analysis of empty puparia：genetic identification limits in forensic entomology［J］. Forensic Sci Int，2010，195（1）：99-102.

[30] Simon C，Frati F，Beckenbach A T，et al. Evolution，weighting，and phylogenetic utility of mitochondrial gene sequences and a compilation of conserved polymerase chain reaction primers［J］. Ann Entomol Soc Am，1994，87（6）：651-701.

[31] Kengne P，Antonionkondjio C，Awonoambene H P，et al. Molecular differentiation of three closely related members of the mosquito species complex，Anopheles moucheti，by mitochondrial and ribosomal DNA polymorphism［J］. Med Vet En-

tomol，2007，21（2）：177-182.

[32] Kastanis P，Eliopoulos E，Goulielmos G N，et al. Macroevolutionary relationships of species of Drosophila melanogaster group based on mtDNA sequences. [J]. Mol Phylogenet Evol，2003，28（3）：518-528.

[33] Zehner R，Amendt J，Schutt S，et al. Genetic identification of forensically important flesh flies（Diptera：Sarcophagidae）[J]. Int J Leagal Med，2004，118（4）：245-247.

[34] Nelson L A，Wallman J F，Dowton M，et al. Using COI barcodes to identify forensically and medically important blowflies [J]. Med Vet Entomol，2007，21（1）：44-52.

第二章

嗜尸性蝇类 DNA 提取

死亡时间（Postmortem Interval，PMI），尤其是高度腐败尸体的死亡时间推断一直是现阶段法医侦破案件的一大难题。嗜尸性昆虫是推断 PMI 重要研究方向之一[1-5]。嗜尸性蝇类在人死后很快即可到达尸体，并在其上产卵、孵化、成蛹、破壳发育到成虫，并逐渐演替成为群落直至白骨化，根据嗜尸性蝇类的生长发育规律和群落演替规律可以为死亡时间推断提供依据。嗜尸性蝇类体积小，易腐败，易干化，受环境影响较大，因其各方面的特性使得 DNA 降解较快，为其 DNA 的提取增加了难度。本章通过对酚-氯仿法、Chelex-100-蛋白酶 K 法、试剂盒法和十六烷基三甲基溴化铵四种方法对头、胸肌、足、翅 4 个不同部位提取效果的比较，寻找一种操作简单，成本低，对蝇类完整形态破坏小，常规分子生物学实验室即可完成并且可以满足实验需要的嗜尸性蝇类 DNA 提取方法。

第一节 材料与方法

一、主要试剂及仪器

蛋白酶 K（Proteinase K，PK）、提取试剂盒、扩增试剂盒[宝生物工程（大连）有限公司]、Chelex-100、氯仿、异戊醇、无水乙醇、氯化钠、乙二胺四乙酸二钠、十二烷基硫酸钠(SDS)、Tris-HCl、Tris-平衡酚、CTAB、3-巯基乙醇、琼脂糖（美国伯乐公司）、溴化乙锭（Ethidium bromide，EB）、引物由英潍捷基（上海）贸易有限公司合成；微量紫外分光光度计（杭州晶飞科技有限公司）、9700 PCR 仪（美国 ABI 公司）、一体式核酸电泳仪（英国 Cleaver 公司）。

二、实验方法

所有嗜尸性蝇类的样本可为新鲜样本，也可为风干样本，视情况不同，可以是嗜尸性蝇类的形态组织完整的成虫、蛹、幼虫以及残肢等 DNA 的提取。对于成虫，头、胸肌、足、翅都是可以选择的部位。常见提取方法包括酚/氯仿法、Chelex 法、CTAB/氯仿法以及试剂盒法等[6-10]。

待检样本在去离子水中清洗后用吸水纸吸干，置于离心管中，用眼科剪剪碎备用。

1. 酚-氯仿法

（1）将剪碎的组织置于 1.5mL 离心管中，加入 400μL 1×TNE，1/10 体积的 10% SDS（约 40μL，终浓度为 1%）、1/100 体积（10mg/mL）PK（约 4μL，终浓度为 100μg/mL），混匀。56℃水浴 2～3 小时后加入 12μL PK，然后过夜水浴消化。

（2）第二天加入等体积（约 500μL）酚/氯仿/异戊醇（V/V/V=25∶24∶1），以上下颠倒离心管方式混匀液体 5min，至管内液体混合成乳状液，5000rpm，离心 5min。

（3）吸取上层水溶液转移至新管，重复步骤（2）两遍，直至水相和有机相之间看不到蛋白质为止。

（4）吸取上层水溶液转移至新管，加入等体积（约 420μL）氯仿，倒转混匀 5min，5000rpm，离心 5min。

（5）吸取上层水溶液转移至新管，加入 2 倍体积（约 900μL）的预冷无水乙醇（－20℃），轻柔颠倒混匀，沉淀出 DNA，低温离心 4℃ 12000rpm，离心 15min，弃上清液。

（6）加入 70% 预冷乙醇 1.5mL，混匀，低温离心 4℃ 12000rpm，离心 5min，弃上清液。重复此步骤 2～3 次。

（7）室内自然晾干 DNA 沉淀至 DNA 呈无色透明状。加 150μL 灭菌双蒸水溶解 DNA。

（8）4℃保存。

2. Chelex-100-蛋白酶 K 法

（1）将剪碎的组织置于 0.5mL 微量离心管中，加入 Chelex-100 200μL（沉淀 1/4 约 50μL，上清液 3/4 约 150μL），PK（10mg/mL）2μL（终浓度 100μg/mL）。

（2）56℃水浴 2～3 小时后，观察上清液澄清透明度，再加入 PK（10mg/mL）8μL，过夜消化。

（3）100℃水浴 15min，取出后高速涡轮振荡 5～10s。

（4）低温离心 4℃ 12000rpm 离心 15min。

（5）4℃保存。

3. 十六烷基三甲基溴化铵（Cetyltrimethylammonium bromide，CTAB）法

（1）将剪碎组织置于 1.5mL 离心管中，加入 2×CTAB 50μL 提取缓冲液混匀。

（2）于 65℃水浴中孵育 45～60min。

（3）常温下离心 12000r/min 15min，取上清液。

（4）加入等体积氯仿/异戊醇（24/1）抽提，离心 12000r/min 10min，取上清液。

（5）反复抽提 3 次。

（6）再经异丙醇于冰冷条件下沉淀 30min（或过夜）。

（7）离心，12000r/min 15min。

（8）70%酒精洗涤，干燥后加入适量灭菌双蒸水溶解。

4. 试剂盒法

使用 TaKaRa Mini BEST 试剂盒，参照说明书提取 DNA。

（1）将剪碎的组织置于 1.5mL 离心管中，加入 180μL 的 Buffer GL、20μL 的 PK（20mg/mL）和 10μL 的 RNase A（10mg/mL），于 56℃水浴温浴至组织完全裂解（2～3 小时后加入 8μL PK，然后过夜消化）。

（2）第二天 12000rpm 离心 2min，吸取上清液于新的 1.5mL

离心管中，弃沉淀。

（3）向裂解液（即上清液）中加入 200μL Buffer GB 和 200μL 100%乙醇，充分吸打混匀。

（4）将 Spin Column 安置于 Collection Tube 上，溶液移至 Spin Column 中，12000r/min 离心 2min，弃滤液。

（5）将 500μL 的 Buffer WA 加入 Spin Column 中，12000r/min 离心 1min，弃滤液。

（6）将 700μL 的已经加入指定体积 100%乙醇的 Buffer WB 沿 Spin Column 管壁四周加入，12000r/min 离心 1min，弃滤液。

（7）重复步骤（6）。

（8）将 Spin Column 安置于 Collection Tube 上，12000r/min 离心 2min。

（9）将 Spin Column 安置于新的 1.5mL 离心管上，在 Spin Column 膜的中央处加入 100μL 的 Elution Buffer（65℃预热）。

（10）12000r/min 离心 2min 洗脱 DNA。再次在 Spin Column 膜的中央处加入 50μL 的 Elution Buffer（65℃预热），室温静置 5min 后，12000r/min 离心 2min 洗脱 DNA。

（11）4℃保存。

5. DNA 质量浓度和纯度检测

（1）微量紫外分光光度计法　使用微量紫外分光光度计检测 DNA 样品不同波长下的吸光度，并计算 D260/D280。

（2）凝胶电泳检测　0.8%琼脂糖凝胶，EB 染色，DNA 样品 5μL 混合 1μL 载样缓冲液，120V 电泳 60min，置于凝胶成像系统观察并拍照。

6. PCR 扩增及电泳检测

PCR 产物经 2%琼脂糖凝胶电泳，溴化乙锭染色，电泳后置于凝胶成像系统拍照分析。

第二节 提取方法的结果

一、DNA 浓度和纯度检测结果

目前主要采用紫外分光光度法对 DNA 质量进行初步检测。DNA 的吸收峰在 260nm，而蛋白质的吸收峰在 280nm，通过计算出 D260/D280 的比值，可以判断所提 DNA 的纯度。一般认为 D260/D280 大于 2.0 时，表明有 RNA 污染；小于 1.6 表明有蛋白质或酚污染。

目前研究结果显示[11-13]，酚-氯仿法头和胸肌 D260/D280 值为 1.87～2.08，足和翅分别为 1.24～1.84 和 1.09～1.70，其中足有两个样本值是 2.15、2.47；Chelex-100-蛋白酶 K 法 D260/D280 值大多小于 1.62；试剂盒法 D260/D280 值头为 1.52～1.81，胸肌、足、翅分别为 2.98～7.63、2.86～5.84 和 4.08～6.60。CTAB 法头部、胸部样本 D260/D280 值大多为 1.6～1.8，而腿部及翅膀样本所得 D260/D280 值大多小于 1.6，头部及胸部所得 DNA 质量浓度要高于腿部及翅膀。保存时间≤5 年的成虫胸部样品和＜2 年的空蛹壳样品 DNA 浓度大多为 1.0～3.0μg/μL，A260/A280 值大多为 1.6～1.8。保存时间＞5 年的成虫胸部样品和≥2 年的空蛹壳样品 DNA 浓度大多低于 1.0μg/μL，A260/A280 值大多低于 1.6。随着样品保存时间的延长，各样品 DNA 浓度均明显下降[1]。

二、电泳检测结果

酚-氯仿法和试剂盒法头和胸肌均有明显条带，足条带相对较弱，片段长度大于 10kb，但酚-氯仿法有拖尾现象。翅几乎看不到条带。Chelex-100-蛋白酶 K 法 4 个部位均没有看到明显条带。

CTAB 法两种昆虫的 4 个部位均有样本成功抽提出 DNA，所提取的 DNA 大于 10kb，头部样本大部分出现了 DNA 条带，胸部样本均可见 DNA 条带，而腿及翅样本仅小部分可见 DNA 条带，且亮度相对较弱。通过对比发现，D260/D280 值为 1.45～2.15 的多数样本出现了 DNA 条带。没有出现条带的样本浓度多低于 0.02μg/μL，同时 D260/D280 值为 1.6～2.0 时所得到 DNA 的样本质量浓度值与条带的亮度是正相关的。D260/D280 值大于 2.0 或小于 1.6 时，由于可能存在污染，所测得的质量浓度值可信度低，D260/D280 值大于 2.0 的样本泳道大多有条带，大多是因为 DNA 存在降解或 RNA 污染；小于 1.6 时所得到 DNA 条带的泳道背景模糊，可能存在蛋白质或有机物的污染。

三、 PCR 产物电泳检测结果

4 种方法 4 个部位提取的 DNA 均成功扩增出约 750bp 的目的产物。试剂盒法的头、胸肌、足 3 个部位以及酚-氯仿法和 Chelex-100-蛋白酶 K 法的足扩增效果均很好，酚-氯仿法和 Chel-

ex-100-蛋白酶 K 法头和胸肌的模板 DNA 均经过不同程度的稀释，并调整引物浓度后成功扩增。三种方法提取的翅 DNA 增加模板量后扩增效果明显变好。个别样本出现非特异性产物，可能是由于清洗不完全导致提取到其他检材的 DNA 所致。

CTAB 法：保存时间<2 年，成虫胸部样品和空蛹壳样品均成功扩增出 COⅠ序列Ⅰ和序列Ⅱ。空蛹壳样品 COⅠ序列Ⅰ和序列Ⅱ的成功扩增率分别为 89.1%（49/55）和 81.8%（45/55）；随着保存时间的延长，扩增成功率明显下降，序列Ⅱ表现更为明显（$P<0.01$）。保存 5 年以上的空蛹壳样品的 COⅠ基因序列Ⅰ和序列Ⅱ的琼脂糖凝胶电泳图显示，12 个样品中序列Ⅰ和序列Ⅱ分别有 8 个和 6 个成功扩增。

第三节　提取方法的分析与评价

DNA 提取是嗜尸性蝇类分子鉴定中最关键的环节，其提取方法和提取后的 DNA 质量直接影响后续的检测。嗜尸性昆虫胸肌是 DNA 最佳的提取原料，所得 DNA 纯度及质量浓度均优于其他部位，蝇类头部提取成功率也较高。除此之外，嗜尸性昆虫的翅膀多为角质物，一般很难提取 DNA，但保存良好的标本，翅根部的肌肉组织也能提取 DNA，在一些特殊情况下可作为 mtDNA 的来源，但提取成功率较低。

以上方法均能提取并扩增成功[14-17]，其中酚-氯仿法操作步骤多，过程烦琐，并且经过多次转移后 DNA 损耗相对较大，但是提取的DNA样品纯度最高，浓度也较高。Chelex-100-蛋白酶K法操作简便，试剂安全无毒，单管操作DNA损失小，其提取的DNA样品浓度最高，但蛋白质污染严重，样品纯度不高，并且Chelex-100-蛋白酶K法在提取过程中使双链DNA变性成单链，因此Chelex-100-蛋白酶K法提取的DNA只适用于进行基于PCR的分析。CTAB法应用较为广泛，利用匀浆棒对胸肌及头部进行捣碎不难，但是由于腿及翅膀组织太小，并且角化风干明显，在提取液中难以固定，经过改良后，对于腿及翅膀增加了水浴时间，可以使水分更充分地浸透到组织中，最后漂洗已沉淀的DNA时，使用70%乙醇漂洗后再次用无水乙醇漂洗，可以避免为了去除管壁水珠而过度加热造成DNA难以溶解。同时也有效去除有机物及多糖等大分子，翅膀及腿组织中DNA含量较低，应尽量减少使用有机物的抽提次数，因其在去除蛋白质干扰的同时也会造成DNA的损失。试剂盒法成本高，提取的DNA浓度较低，并且RNA污染严重，样品纯度也较低，但是其PCR扩增效果最佳。对大头金蝇躯体四部分DNA提取分析发现，头和胸肌提取的DNA浓度最高，但是采用这两个部位对蝇类形态完整性破坏太大，并且胸肌腐败时检材很难提取。足和翅分别对称分布，双侧均有，提取一侧组织后仍可保留较完整的形态特征，但翅检材量较少且易丢失，提取的DNA浓度较低，对后续研究来说存在较大风险，因此我们认为蝇类的足是提取DNA的最佳检材。

在DNA质量检测方面，利用微量紫外分光光度计对其进行检测，通过计算D260/D280的比值判断DNA纯度。一般认为D260/D280在1.8～1.9时纯度较高，大于1.9时有RNA污染，小于1.6时有蛋白质或酚污染。但在实际操作中，并不能只根据这些数据判断是否提取成功，而应该同时结合电泳和扩增结果。比如，此次实验中，试剂盒法所提取的 DNA 样品在紫外分光光度计定量测量时，其数据并不理想，但是在电泳和扩增结果中，试剂盒法的结果较为理想。总体来说，各种提取方法各具优势，针对不同的实验需求，应采用不同的 DNA 提取方法。制备高纯度低成本 DNA 推荐使用酚-氯仿法，提取高浓度样品推荐使用 Chelex-100-蛋白酶 K 法，若要得到最佳的扩增效果推荐使用试剂盒法。鉴于法医昆虫 DNA 的研究一般都是基于 PCR 的分析，我们建议采用 Chelex-100-蛋白酶 K 法提取单侧足部 DNA。

参考文献

[1] 郭亚东，蔡继峰，苏日娜，等. 常见嗜尸性甲虫及蝇类虫体不同部位 mtDNA 的提取效果 [J]. 法医学杂志，2010，26 (5)：336-339.

[2] 尹晓宏，王江峰. 一种嗜尸性蝇类干样本 DNA 提取方法的改良 [J]. 中国法医学杂志，2010，25 (4)：272-273.

[3] Harvey ML，Gaudieri S，Villet MH，et al. A global study of forensically significant calliphorids：implications for identification [J]. Forensic science international，2008，177 (1)：66-76.

[4] Wells JD，Stevens JR. Application of DNA-based methods in forensic entomology [J]. Annual Review of Entomology，2008，53：103-120.

[5] Harvey ML，Dadour IR，Gaudieri S. Mitochondrial DNA cytochrome oxidase I gene：potential for distinction between immature stages of some forensically important fly species (Diptera) in western Australia [J]. Forensic science international，2003，131 (2/3)：134-139.

[6] 印红，刘晓丽，王彦芳，等. 一种改进的昆虫基因组 DNA 的提取方法 [J]. 河北大学学报（自然科学版），2002，22 (1)：80-82.

[7] 葛振萍，张春田，智妍，等. 一种有效的寄蝇基因组 DNA 的提取方法 [J]. 医学

动物防制，2007，23（3）：165-166.

[8] 陈瑶清，郭亚东，李茂枝，等．常见嗜尸性昆虫 mtDNA 提取方法的比较［J］．法医学杂志，2011，27（4）：265-270.

[9] 游源浅，陈艳，易建平，等．松突圆蚧基因组 DNA 提取方法的比较［J］．华东昆虫学报，2007，16（1）：26-29.

[10] 杨子祥，冯颖，陈晓鸣．一种有效的蚜虫基因组 DNA 提取方法［J］．林业科学研究，2005，18（5）：641-643.

[11] 赵琳琳，翟仙敦，张振，等．洛阳地区常见嗜尸性丽蝇的 COI 序列分析［J］．河南科技大学学报（医学版），2016，34（4）：286-288.

[12] He L，Wang S，Miao X，et al. Identification of necrophagous fly species using ISSR and SCAR markers［J］．Forensic science international，2007，168（2/3）：148-153.

[13] 蔡继峰，刘敏，应斌武，等．mtDNA 中 COI 分子标记在常见食尸性蝇类鉴定中的应用［J］．昆虫学报，2005，48（3）：380-385.

[14] Machida RJ，Miya MU，Nishida M，et al. Large-scale gene rearrangements in the mitochondrial genomes of two calanoid copepods Eucalanus bungii and Neocalanus cristatus（Crustacea），with notes on new versatile primers for the srRNA and COI genes［J］．Gene，2004，332：71-78.

[15] 胡利平，聂胜洁，杜雷，等．3 种提取高度腐败检材 DNA 的方法比较［J］．中国法医学杂志，2006，21（5）：299-299.

[16] 聂胜洁，杨彦梅，唐文如，等．指甲游离缘的核 DNA 分型研究［J］．遗传，2007，29（11）：1373-1377.

[17] 李学博，宁淑华，张贵芹，等．常见嗜尸性蝇类蛹壳样品在种属分子鉴定中的应用［J］．中国寄生虫学与寄生虫病杂志，2015，33（1）：35-39.

第三章

常用嗜尸性蝇类分子标记

蝇类形态学变化难以可视化，而靶基因的规律表达提供了更好的分辨率。近年来，分子生物学的快速发展为嗜尸性昆虫的种属鉴定提供了新途径。相比形态学鉴定，分子生物学技术不用考虑昆虫的生命周期，同时对昆虫标本的完整性要求低，可单个翅膀或附足提取足量 DNA，现已成为嗜尸性蝇类分子鉴定的重要方法。双翅目的分子鉴定是一个新兴的领域，有望在法医案件中高效地鉴定苍蝇。在过去的 20 年里进行了大量的研究，产生了丰富的数据，并发展和完善了不同的分子鉴定方法。

昆虫系统学中最常用的序列是 mtDNA 和核 rDNA。作为连续的 DNA 片段，这两类也便于比较。因此，本文主要讨论这两类标记。昆虫分子系统学应用于法医学，主要是以线粒体 DNA 为研究工具，对嗜尸性蝇类及其幼虫进行种属鉴定。目前法医学中对嗜尸性蝇类 mtDNA 的细胞色素氧化辅酶Ⅰ（COⅠ）和细胞色素氧化辅酶Ⅱ（COⅡ）基因进行了较多的研究；16S 核糖体核糖核酸（16S ribosomal RNA）基因，细胞色素 b（cytochrome b，cytb）基因、NADH 脱氢酶亚单位 1～6（NADH dehydrogenase subunit 1-6，ND 1～6），这些线粒体分子标记可以实现对大部分嗜尸性昆虫的准确鉴定。

此外，核基因的开发，以及与线粒体COⅠ基因联合使用，对于常见的嗜尸性蝇类，尤其是近缘种（即姐妹种）的识别，具有较高的鉴别效力，在昆虫分子系统学的研究中具有潜在的应用价值。

第一节 线粒体 DNA 分子标记

线粒体 DNA（mtDNA）是独立于核 DNA 之外的遗传基因，具有结构简单、序列和组成保守、易于操作、母系遗传、无重组、单拷贝等特点，同时它的分子量相对小、进化速度比核 DNA 快[1]，所以在物种系统发育关系的研究中经常被用作分子标记。在以前的系统发育关系的研究中，12S rDNA 和 16S rDNA 比较保守，可以区分属、种团和分化时间较早的种；COⅡ、ND1 和 ND5 则是进化比较快的基因，用来区分亲缘关系比较密切的种、亚种及地理种群[2]。而 COⅠ 基因由于其氨基酸的演化速率较慢可以区分分异时间较远的种类，同属物种的 COⅠ 基因序列又存在足够的变异能够区分亲缘关系很近的种类，所以它被广泛应用于不同分类阶元层次上的分子系统学研究[3]。

目前 GenBank 已有全线粒体基因组的嗜尸性蝇类包括 23 个丽蝇，18 个麻蝇，15 个蝇科，1 个蚤蝇科，1 个果蝇科。常见嗜尸性蝇类的线粒体基因组结构均为环形双链结构，有 37 个基因（包括 13 个蛋白编码基因，22 个 tRNAs 及 2 个 rRNAs）和一个 AT 富集区组成，其中 9 个蛋白编码基因和 14 个 tRNA 由 H-strand 所编码，余下的 4 个蛋白编码基因、8 个 tRNAs 及 2 个

rRNAs 由 L-strand 所编码。

线粒体 DNA 是迄今为止在昆虫和一般动物中使用最广泛的 DNA 区域，mtDNA 标记之所以流行，很大程度上是因为它的分离和扩增相对容易，即使是从边缘保存的标本中。它也易于直接分析，个体通常是同质的，并且是单倍型严格二分谱系的一部分。异质性的报道很少。

一、线粒体细胞色素氧化辅酶Ⅰ

1. 概述

线粒体基因组上 13 个编码蛋白质的基因中，包括了 3 种编码细胞色素氧化酶亚基的基因，细胞色素 C 氧化酶亚基Ⅰ（mitochondrial cytochrome c oxidase subunit Ⅰ，COⅠ）基因就是其中分子量最大、功能结构域最为保守的基因。

微基因识别系统，即通过基因组的一个小片段分析进行生物分类诊断，是一种可靠的生物分类方法。Tautz 等人首先提出要用 DNA 序列作为生物分类系统的主要平台（即 DNA Taxonomy），随后 Paul Hebert 等提出利用线粒体 COⅠ这一特定基因的特定区段来做 DNA 条形编码的基础，期待给所有生物种进行编码。2003 年 3 月，20 多位分类专家、分子生物学家和生物信息学家齐聚美国冷泉港，召开了题为“TAXONOMY AND DNA”的会议，提出对全球所有生物种的某个特定基因进行大规模测序，以期实现物种鉴定的目标，进而推进生物进化历史的研究。这种 DNA 条码技术的核心是基于种内进化过程中变异极小的、编码或不编码的高保守的 DNA 序列，为物种的分类鉴别提供了一种可用的、标准的种类识别工具。同时，GenBank 提供的 COⅠ序列数迅速增长，这些 COⅠ

序列数的迅速增长将大大促进 DNA Barcoding 工作的开展。

作为能够用作条形编码的基因，必须具备两个看似矛盾的特征：1）必须具有相对的保守性，便于用通用引物扩增出来；2）要有足够的变异能够将物种区别开来。核内基因变化速率通常要低于线粒体基因好几倍，太过保守，要解决物种级的问题有困难。目前线粒体 12S 和 16S 基因被广泛用作系统发育研究的标志基因，但这些核糖体基因中存在大量的插入和缺失（即 Indels）现象，从而使序列比对（Alignment）受到障碍，不便操作，而且还容易造成错误的比对。但线粒体中存在的 13 个蛋白编码基因却很少存在插入和缺失，在这 13 个候选基因中，COⅠ基因总长约 1542bp，编码 513 个氨基酸，序列长度适合，且基因序列进化速率慢，综合基因序列的长度和进化速率两个条件，Paul Hebert 最终选定了 COⅠ中一段约 645 个碱基长度的片段。因为 COⅠ在能够保证足够变异的同时，此基因的通用引物能覆盖大多数动物类群的 5′末端，而且目前研究表明，其 DNA 序列本身很少存在插入和缺失（即使有少数也主要分布于该基因的 3′端，对结果的分析不会造成很大的影响）。同时，它还拥有蛋白编码基因所共有的特征，即密码子第三位碱基不受自然选择压力的影响，可以自由变异。

近年来，DNA 条形码（DNA barcode）技术在物种分类和鉴定方面展示出强大的生命力。DNA 条形码是指生物体内能够代表该物种的、标准的、有足够变异的、易扩增且相对较短的 DNA 片段。目前，DNA 条形码已经成为生态学研究的重要工具，多用于物种鉴定和生态系统内相互作用的研究。在发现某一未知物种或者物种一部分时，研究人员便描绘其 DNA 条形码，然后与国际数据库内物种条形码进行比对。如有匹配，研究人员即可确认该物种的身份。

作为条形码的COⅠ序列可以与DNA数据库中已知物种的序列进行比较，使用BLAST搜索或使用似然法、贝叶斯法或其他方法重建系统发育树进行鉴定Neighbour-joining方法。COⅠ基因片段进化相对较快，因此，它常被用于重建基因内的系统发育关系，如单倍型网络，可以计算个体间的遗传距离，并与任意阈值进行比较，超过这个阈值的个体将被认为是不同的物种。对于许多类群来说，分化率＞3%的个体被认为属于不同的物种。然而，有效种之间的遗传距离在不同类群之间存在差异，这表明许多类群可能需要自己独特的阈值。

此外，线粒体DNA替代率可能在不同的分类水平上有不同程度的差异，导致遗传距离重叠，使群体难以区分。为了解释这个问题，一些研究人员测试了互惠单系（reciprocal monophyly），其中分类群之间的关系不取决于测量到的遗传差异，而是取决于这些分类群是否属于同一单系分支。利用遗传距离法和互惠单系法进行物种鉴定通常依赖于COⅠ序列，但多基因研究往往产生更可靠的分析和物种鉴定。许多多基因条形码研究还包括线粒体细胞色素氧化酶Ⅱ（COⅡ）和16S核糖体DNA。然而，这些也是线粒体基因片段，传统上很少有研究使用额外的核基因片段。核基因片段的检测将提供一个独立进化的数据集来检查与mtDNA检测结果的一致性。

2. COⅠ的法医学应用

大量的研究使用分子工具来识别尸食性或嗜尸性昆虫。基于COⅠ的嗜尸性蝇类分子鉴定，已被广泛使用，CNKI中检索关键词（法医昆虫学）AND（COⅠ）AND（DNA）获得相关文献趋势见图3-1，最常用的引物序列有8对，靶片段长度为278～1173bp不等。

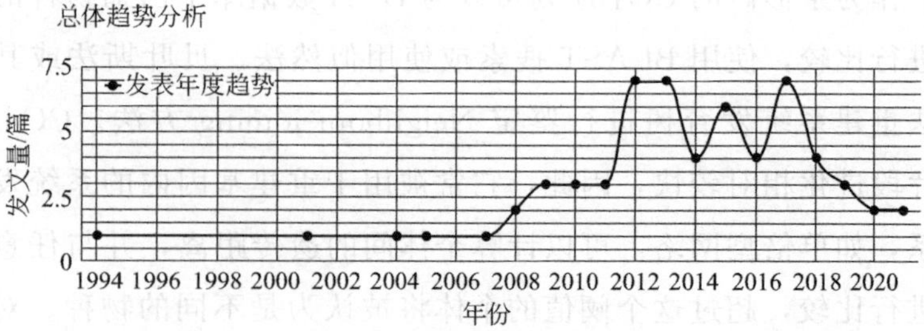

图 3-1 基于 CNKI 搜索结果(法医昆虫学) AND(COⅠ) AND(DNA)

根据 Wells 等学者理论：种间差异≥3%，种内差异<1%，由此来判断个体是否同种；同时明确提出，即使不能够准确确定某一特定嗜尸性蝇种，至少可以把未知蝇种定位于某一特定的进化分支上。

蔡继峰等[4,5] 利用 COⅠ 基因 278bp 片段成功地对呼和浩特、敦煌、成都地区的 3 科 4 属 6 种嗜尸性蝇类进行了种属鉴别，但对近缘种铜绿蝇和丝光绿蝇的鉴别效果不佳。王江峰等[6] 利用 COⅠ 基因 348bp 片段也将西安、广州、中山三地的 5 种嗜尸性蝇类鉴别到种的水平，王新杰等[7] 利用相同引物，发现潍坊地区 6 种常见嗜尸性蝇类 COⅠ 基因种间差异明显。

赵琳琳[8] 对洛阳地区 9 种 23 只丽蝇 COⅠ 基因序列分析发现，COⅠ 序列种内差异 0～0.008，丝光绿蝇和铜绿蝇的种间差异 0.006～0.009，叉叶绿蝇和亮绿蝇种间差异为 0.011～0.013，其余种间差异为 0.037～0.101，研究结果显示 COⅠ 序列不能有效区分丝光绿蝇和铜绿蝇、叉叶绿蝇和亮绿蝇，其他蝇种之间均可有效区分。基于 COⅠ 基因分子鉴定结果与形态学分类鉴定结果一致。同时分析麻蝇发现，除赤尾麻蝇与红尾粪麻蝇种间差异 0.021（小于 3%）外，其他蝇种种间差异均大于 3%，并且种间差异和种内差异均没有交叉，可以很好地区分棕尾别麻蝇、酱亚麻蝇和急钩（亚）麻蝇；赤尾麻蝇和红尾粪麻蝇的序列较差，不能完全有效区分，可能和两者进化近缘关系有关。

杨静波等[9]利用COⅠ基因523bp基因片段也将广州、湛江、韶关、四川蜂蛹寨、河南沈丘5地的2科5属7种嗜尸性蝇类鉴别至种，但是在某些近缘种，如广额金蝇和肥躯金蝇之间则不能有效鉴别。汤振楚等[10]利用COⅠ基因278bp片段对我国12个省16个地区的嗜尸性麻蝇进行了种属鉴别，再次证实了这一基因在种属鉴定方面的价值；杨立等[11]采用相同引物扩增出的COⅠ基因278bp片段对我国14个省不同地区的3科10属12种嗜尸性蝇类进行了种属鉴定研究，发现这一片段可较精确地鉴定大多数嗜尸性苍蝇种属（尤其是对不同属的苍蝇更为有效），但对个别不同种的苍蝇则很难鉴别。陈庆等[12]对北京地区嗜尸性蝇类优势种涉及的3科6属7种嗜尸性蝇类进行了种属鉴定研究，自行设计引物扩增COⅠ基因106～1326bp序列，得到了我国目前扩增嗜尸性蝇类COⅠ基因最长的基因片段，序列分歧统计发现种内差异均未超过1%。种间差异为7.74%～14.85%，截至目前，这一分歧统计是相关方面研究获得的种内与种间之间的最大差异，可有效将嗜尸性蝇类鉴别到种的水平。陈庆等亦试图通过确定COⅠ基因不同物种、不同区段特有突变位点的组合，以不同组合位点的分型对嗜尸性蝇类进行种属鉴定，这为分析mtDNA序列进行嗜尸性蝇类种属鉴定开拓了一种新的思路，后续研究者可作进一步验证。

基因选择和方法之间的不一致可能阻碍不同研究的比较，因此需要统一的标准才能达成实践的一致。一个位点可能适合于区分某些类群，但不一定适合于区分所有类群。这意味着为了进行分子鉴定，所有被考虑的物种必须对应于一个单一的 mtDNA 谱系，COI 已被证明对丽蝇科的几个类群，尤其是近缘种是无效的，其种间关系不能很好地解决。而解决方案可能是整个线粒体基因组的序列，例如，有学者通过 30 个完整的线粒体基因组揭示了丽蝇科 4 亚科 7 属 13 种和寄蝇科 1 种。该方法能更清晰地确定类群间的系统发育关系，从而更有效地对未知标本进行分子鉴定。因为密切相关的物种（即近缘种）可能具有非常相似的形态，但在发育方面可能存在显著差异，这就使得分子鉴定对调查至关重要。许多分子研究方法需要进一步验证测试，以评估密切相关的物种是否被发现为不同物种。

然而，分子鉴定主要用于分类水平较低的样本，或通过形态学鉴定具有挑战性的样本碎片或部分样本；分子鉴定很少被用来鉴定在现场发现的整个昆虫的顺序。而形态学相近的物种可以依据 DNA 分析。

二、线粒体细胞色素氧化辅酶Ⅱ

细胞色素 C 氧化酶亚基Ⅱ（mitochondrial cytochrome coxidase subunit Ⅱ，COⅡ）基因是线粒体基因组 3 种编码细胞色素氧化酶亚基的基因第二个基因。

Caterino 等[13] 认为 COⅡ基因序列分析是进行系统发育研究最有效、最可靠的方法之一，国内研究者也证实了这一点，蔡继峰等[14] 对呼和浩特地区采集的 3 科 5 种嗜尸性蝇类 COⅡ基因的 635bp 片段进行研究，发现此基因片段在上述 5 种嗜尸性蝇类的种内差异均数小于 1%，种间差异大于 3%，可鉴别不同蝇种个体是否同种；同时发现由于铜绿蝇、丝光绿蝇亲缘关系非常接近，该基因序列很难鉴别这两个蝇种。赵祖亮等[15] 采集郑州地区 5 种嗜尸性蝇类，使用与上述蔡继峰等相同引物，扩增 COⅡ 基因 635bp 片段，发现此基因序列分析可有效鉴别棕尾别麻蝇、巨尾阿丽蝇、亮绿蝇，但不能有效鉴别其近缘种铜绿蝇、丝光绿蝇。此外，蔡继峰等[16] 分析丝光绿蝇 COⅡ 基因 635bp 序列，发现丹麦瑟兰岛、英国布里斯托尔、中国呼和浩特、西班牙安达卢西亚、中国成都、津巴布韦哈拉雷、澳大利亚珀斯、新西兰 8 个地理种群的遗传距离与其地理纬度之间存在一定相关性。目前，国内外嗜尸性蝇类 mtDNA 中 COⅡ 基因片段研究相对较少，这可能是由于 COⅡ 基因的片段较长，扩增时易被干扰，从而不能得到理想的扩增产物，进而会影响基因序列检测的效率和准确性，故限制了其在嗜尸性蝇类快速种属鉴定方面的应用。笔者曾经用嗜尸性蝇类胸部肌肉提取 mtDNA 扩增 COⅡ 基因片段，结果并不理想。对于 COⅡ 基因片段，因其扩增难度较大，对扩增条件、提取方法要求较高，难以实现快速鉴定，在种属鉴定方面的应用度就低于 COⅠ。

三、 16S rDNA

16S rDNA 分子大小适中，由于功能上高度保守，而序列不同位置的变异速率不同，其进化具有良好的时钟特性，已成为蝇类分子鉴定的标准标识序列[17]。

陈凤磊[18] 等通过对中国 17 个地区 7 个种 24 只嗜尸性苍蝇 mtDNA 16S rDNA 中 551bp 片段基因序列进行分析发现，丽蝇科的丝光绿蝇、叉叶绿蝇、亮绿蝇、红头丽蝇、大头金蝇种内差异均数均小于 0.7%，与其他蝇种间差异为 1.6%～3.1%；蝇科家蝇属的家蝇种内差异均数为 1.5%，种间差异均数均大于

5.7%；别麻蝇属的棕尾别麻蝇种内差异均数为2.8%，种间差异均数均大于4%。这提示上述嗜尸性蝇类的种内进化分歧均数较小，种间进化分歧均数较大，种内序列差异和种间序列差异均数百分比范围内无重叠，可以根据蝇类16S rDNA 551bp基因序列差异判断两个个体是否同种。24只样本16S rDNA序列分析显示7种蝇类可以较好聚类，其中棕尾别麻蝇种内进化分歧整体均数为2.8%。蝇种间同源性相差明显，采用mtDNA 16S rDNA中551bp基因序列分析，可进行蝇种鉴定。

为解决依据COⅠ和COⅡ上278bp和635bp基因序列难以鉴别丝光绿蝇、铜绿蝇种类的难题，为法医学嗜尸性苍蝇种类的鉴别提供依据，孙晓明[19] 等使用相同引物对16S rDNA中551bp基因序列分析、比对，构建系统发育树发现，16S rDNA基因序列分析可以对丝光绿蝇和铜绿蝇进行鉴别，是对依据COⅠ和COⅡ序列分析方法鉴别嗜尸性苍蝇种类的重要补充。

王兴华[20] 等自行设计引物获取短片段16S rDNA短片段289bp，通过扩增和测序，有效地检测出常见嗜尸性丽蝇样本，鉴定出属裸金蝇属、金蝇属、绿蝇属、丽蝇属，种蝇类丝光绿蝇、铜绿蝇、叉叶绿蝇、亮绿蝇、紫绿蝇、南岭绿蝇、大头金蝇、菲颜裸金蝇、红头丽蝇、反吐丽蝇的种属关系。但短片段基因序列存在着一定的局限性，种内差异不明显，少数特殊种类区分并不明显，如菲颜裸金蝇在系统发育树中单独成一簇，种间差异明显高于其他丽蝇，并且与同为金蝇属的大头金蝇分开，它们之间的具体关系有待于进一步研究。同时，该研究还认为16S rDNA 218bp长度的序列可以有效区分叉叶绿蝇和亮绿蝇，但是欧洲学者通过检索NCBI全数据库的叉叶绿蝇和亮绿蝇16S rDNA序列分析，包含王兴华的4条上传序列，得出截然不同的结论。

此外，利用相同引物，石坚等[21]对14个省市户外采集的丽蝇科3属6种16S rDNA的289bp基因序列进行分析，发现上述蝇类种内进化分歧均数均为0，种间进化分歧均数为0.3%～6.5%，可有效快速、低耗地将上述蝇类鉴别到种。Li等[17]对我国17个地区的5种嗜尸性蝇类的16S rDNA的289bp基因序列进行分析，同样证实可利用该基因序列有效地进行嗜尸性蝇类种属鉴定。

第二节 核DNA分子标记

真核生物的核糖体是细胞核内编码核糖体的基因，以串联多拷贝的形式组成的庞大的多基因家族，呈团块聚集在特异染色体中，序列表现出协同演化，种内序列的同源性远大于种间序列的同源性。每个拷贝由外转录间隔区、基因、内转录间隔区、基因、基因和基因间隔区组成。第一内转录间隔区（ITS1）位于18S和5.8S基因之间，第二内转录间隔区（ITS2）位于5.8S和28S基因之间。核糖体呈突变性变化，转录区和非转录区的各部分的进化速率不同，因此利用核糖体可进行不同阶元的系统发生学研究。18S基因、5.8S基因、28S基因序列高度保守，进化速率慢，而ITS1和ITS2不加入成熟核糖体，所受选择压力小，进化速度快，种间差异显著，种内也有个体差异，可提供丰富变异位点和信息位点。

由于认识到线粒体基因树可能只代表了生物体系统发育的部分甚至可能有偏见的观点，许多核基因已被开发利用。核糖体RNA基因（nuclear rDNA）由于其在基因组内的丰度和易于扩增和测序而被广泛使用。核糖体重复序列（包含18S基因、5.8S基因和28S基因由转录间隔和非转录间隔区分开）是高度保守和可变区域。虽然保守区域已经为在更高的分类水平上解决关系提供了信息，已被证明对系统发育具有重要的信息。核蛋白编码基因表现出广泛的进化速率，因此被评估为系统发育有效标记，其有望来解决不易用线粒体检测的种水平上的关系。此外，与mtDNA相比，大多数核位点的核苷酸组成相对无偏置，应导致较高的饱和阈值。然而，由于核基因的杂合性和低拷贝数可能会阻碍扩增，因此与核基因的合作存在潜在的困难。此外，许多核基因可能包含大的内含子，需要逆转录酶PCR（RT-PCR），且许多单拷贝位点可能被一个或多个旁系同源代表（例如EF-1a）。

其中，双翅目和膜翅目昆虫的研究以内部转录间隔区ITS和28S区为主。

一、 ITS2

内部转录间隔区ITS被广泛用于分类学和分子系统学（molecular phylogeny），作为非功能片段，其有着很低的进化压力，因此即使在相近的种群中也有着高度的变异。许多学者们对基因的序列特征和结构功能进行了深入细致的研究，核糖体重复顺反子已广泛用于原生动物、植物和一些动物的系统发育研究中，核基因序列已经证明了在昆虫高阶分类水平上的应用价值，这些重复区域更适合用于种属分析比较的就是ITS2片段，一般大小为

200～400bp，容易从少量的DNA中扩增出来，ITS2是种或属水平上较好的系统发育标志。

中山大学宋忠魁[22]（Song）团队对ITS2进行了较为深入的研究，自行设计引物对广东省常见嗜尸性蝇类ITS2序列进行序列分析，包括丽蝇科、麻蝇科、蝇科在内的29种蝇种的63条完整ITS2序列，评估ITS2种属鉴定潜力，结果显示ITS2可用于区分法医重要的蝇类，可以反映物种内部和物种间序列变异的程度。但鉴于一些物种之间存在较高的序列同源性（如S. B. formosensis和S. B. peregrina），该研究建立的ITS2数据库在识别某些物种时仍存在一定的风险。此外，ITS2序列树状结构可以有效地划分反吐丽蝇（C. vomitoria）的地理种群，这给死亡地点推测提供了新的研究方向。

胡佳林[23]分析我国北京、吉林、长春、成都、南京、湖北荆州和养殖7市8个家蝇样本rDNA-ITS2基因，依据Drosophila melanogaster的nrRNA序列，设计扩增不同地区家蝇rDNA-ITS2基因序列360bp，结果发现8个家蝇样品的rDNA-ITS2的SSCP电泳DNA迁移率均有一定差异，不同地区的8个家蝇rDNA-ITS2基因序列有明显的差异，表现了丰富的多态性，ITS2基因可以作为家蝇种内鉴定及近缘关系分析的一种分子标记。

韩国学者Park[24]等首次对采集自韩国的11种丽蝇和5种麻蝇进行PCR扩增和ITS2位点核苷酸序列测定。结果表明，利用ITS2核苷酸序列可识别出11种丽蝇和5种麻蝇。特别值得一提的是，尽管种间多样性水平很低，但姊妹种亮绿蝇（Lucilia illustris）和叉叶绿蝇（Lucilia caesar）也被区分出来。

利用线粒体细胞色素C氧化酶亚基Ⅰ基因进行物种分子鉴定是一种可行的方法。然而，在某些情况下，这些母系遗传的标记会引起混淆，因此，也需要 ITS2 等核 rDNA 标记作为辅助标记。

二、 28S rRNA

28S rRNA 基因是真核生物染色体上编码核糖体大亚基的基因，具有重要的生物学功能，在进化上比较保守，是研究生物系统发育较好的分子标记。其序列中包含 12 个可变区（D1～D12），基因变异性较大，可用于嗜尸性蝇类从科到种水平上的分子鉴定，但研究相对较少。

Yusseff-Vanegas[25] 等收集在加勒比（牙买加、古巴、波多黎各、圣巴特马提尼克岛和多米尼加）13 个地点 44 个法医相关的锥蝇属（Cochliomyia）样本，对包含 28S rRNA 在内的 3 个核基因（EF-1α、28S rRNA 和 ITS2）和 1 个线粒体基因 COI 进行分析，提供了首个完整的锥蝇属系统发育树，有效鉴定种属水平。但由于基因树之间的不一致以及缓慢进化的基因在物种层面的信息水平较低，未来有望使用新技术如 NGS 方法解决锥蝇属系统发育的相关问题。

葛振萍等[26] 用中国产双翅目有瓣蝇类 6 科 15 种和 GenBank 中登录的 5 科 6 种有瓣蝇类昆虫的 28S rDNA 序列 698bp 片段组合成 7 科 21 种，进行同源性比较，探讨了 28S rRNA 基因在有瓣蝇类的分子进化机制；分子系统树中，所有内群聚为一支，支持有瓣蝇类为一单系。内群分别聚为 2 大支：丽蝇科和麻蝇科关系近于寄蝇科，组成较进化的狂蝇总科；蝇科与花蝇科聚合的类群为蝇总科，分子结果与现代形态分类系统相同。但粪蝇科和厕蝇科脱离蝇总科，与狂蝇总科聚为一支，与现代形态分类系统不一致。

第三节 其他遗传标记

有关法医学嗜尸性蝇类鉴定的遗传标记除以上外，还有Cytb、ND1、ND5、CAD、EF-1α、ITS1、PER、Bicoid等。

与mtDNA或核rDNA相比，利用核蛋白编码基因进行系统发育研究的数量要少得多，但一些分子标记正在得到更广泛应用。其中EF-1a的序列已被证明对种群和属（亚）科的研究非常有用，并支持与线粒体COⅠ-COⅡ一致的关系。EF-1a的氨基酸高度保守，第三密码子位置提供了基本的系统发育信息。研究发现，氨基酸变异可能在序数间及以上水平具有重要意义。除了EF-1a的单拷贝核基因尚未被广泛应用，另外几个基因（特别是ddc、g6pdh、hb、per、pepck和wg）也显示出良好的未来前景。乙醇脱氢酶（adh）基因座在果蝇科中，鉴定效果好，但在果蝇科以外还等待进一步开发应用。随着技术发展，核蛋白编码基因呈现出多拷贝、潜在的大内含子等特点不再是技术障碍[27]，因而可得到推广和应用。

但由于此类基因片段研究较晚，积累的基因数据信息较少，使得其应用暂时还受限制，后续研究者可采集不同地区嗜尸性蝇类扩增该基因片段进行研究，一方面积累数据，另一方面继续验证该基因片段种属鉴定的价值。

参考文献

[1] Tsaousis A D, Martin D P, Ladoukakis E D, et al. Widespread recombination in published animal mtDNA sequences [J]. Mol. Biol. Evol., 2005. 22: 925-933.

[2] 王备新,杨莲芳. 线粒体 DNA 序列特点与昆虫系统学研究 [J]. 昆虫知识, 2002, 39: 88-92.

[3] 付景,张迎春. 二十七种瓢虫 mtDNA-COI 基因序列分析及系统发育研究(鞘翅目:瓢虫科)[J]. 昆虫分类学报, 2006, 28: 179-186.

[4] 蔡继峰,董建国,刘敏,等. 呼和浩特等地区嗜尸性苍蝇 mtDNA 中 COI 基因序列检测及法医学应用 [J]. 法医学杂志, 2005, 25 (2): 100-106.

[5] 蔡继峰,刘敏,应斌武,等. 成都地区四种食尸性蝇类 mtDNA 中 COI 基因序列检测 [J]. 昆虫学报, 2005, 48 (1): 101-106.

[6] 王江峰,尹晓宏,陈玉川. 五种常见嗜尸性蝇类的分子鉴定 [J]. 昆虫学报, 2007, 50 (4): 423-428.

[7] 王新杰,王学海,刁立江,等. 潍坊地区六种常见嗜尸性蝇类 mtDNA COI 区序列研究 [J]. 法医学杂志, 2006, 22: 93-94.

[8] 赵琳琳,翟仙敦,郑哲,等. 洛阳地区 9 种嗜尸性丽蝇 28S rRNA 和 COI 基因序列分析 [J]. 法医学杂志, 2019, 35 (02): 181-186.

[9] 杨静波,姜建军,王江峰. mtDNA COI 和 ND5 基因用于鉴别常见嗜尸性蝇类 [J]. 中国法医学杂志, 2012, 27 (3): 201204.

[10] 汤振楚,郭亚东,蔡继峰,等. 应用 COI 短序列片段鉴定常见嗜尸性麻蝇 [J]. 中南大学学报(医学版), 2012, 37 (1): 1183-1187.

[11] 杨立,蔡继峰,文继舫,等. 中国 14 省不同地区常见嗜尸性苍蝇 mtDNA 中 COI 基因序列检测. 中南大学学报(医学版), 2010, 35 (8): 819-825.

[12] 陈庆,白洁,刘力,等. 北京地区 7 种常见嗜尸性蝇类的 COI 基因序列分析及 DNA 条形码的建立 [J]. 昆虫学报, 2009, 52 (2): 202-209.

[13] CATERINO M S, CHO S, SPERLING F A. The current state of insect molecular systematics: a thriving Tower of Babe [J]. Annual Review of Entomology, 2000, 45: 1-54.

[14] 蔡继峰,常云峰,廖志钢,等. 嗜尸性苍蝇 mtDNA 中 COⅡ 基因序列检测 [J]. 中国

法医学杂志，2005，20（4）：193 195.

[15] 赵祖亮,闫红涛,李世才,等．郑州地区食尸性苍蝇及幼虫 mtDNA 中 COⅡ 基因序列分析［J］．法医学杂志，2010，26（2），104-107.

[16] 蔡继峰,兰玲梅,陈瑶清,等．丝光绿蝇 COⅡ序列分析与地理种群分布的关系［J］．法医学杂志，2006，22（6）：401-403.

[17] LI X，CAI J F，GUO Y D，et al. The availability of 16S rRNA for the identification of forensically important flies（Diptera：Muscidae）in China［J］. Tropical Biomedicine，2010，27（2）：155-166.

[18] 陈凤磊,蔡继峰,郭亚东,等．利用 16S rDNA 序列鉴定常见嗜尸性蝇类种属［J］．中国法医学杂志，2011，26（05）：362-364.

[19] 孙晓明,蔡继峰,应斌武,等．16S rDNA 序列分析在嗜尸性蝇类鉴定中的应用［J］．法医学杂志，2006（01）：36-38.

[20] 王兴华．16S rDNA 对中国常见嗜尸性丽蝇的种类鉴定及法医学意义［D］．中南大学，2011.

[21] 石坚,郭亚东,匡栩源,等．应用 16S rDNA 短序列片段鉴定常见嗜尸性丽蝇［J］．法医学杂志，2012，28（4）：281-285.

[22] Song，ZK，Wang，et al. Species identification of some common necrophagous flies in Guangdong province，southern China based on the rDNA internal transcribed spacer 2（ITS2）［J］. Forensic Sci Int. 2008，175（1）（-）：17-22.

[23] 胡佳林．应用分子系统学方法对我国部分地区嗜尸性蝇类种属鉴定的研究［D］．吉林大学，2008.

[24] Park JH，Kim YH，Ham CS，et al. Molecular identification of forensically important calliphoridae and sarcophagidae species using ITS2 nucleotide sequences［J］. Forensic Sci Int. 2018，284：1-4.

[25] Yusseff-Vanegas SZ，Agnarsson I. DNA-barcoding of forensically important blow flies（Diptera：Calliphoridae）in the Caribbean Region［J］. PeerJ. 2017，5：3516.

[26] 葛振萍,智妍,张春田，等．基于 28S rRNA 基因序列的常见有瓣蝇类的系统发育［J］．四川动物，2008，27（6）：989-992.

[27] Gemmellaro MD，Hamilton GC，Ware JL. Review of Molecular Identification Techniques for Forensically Important Diptera［J］. Journal of Medical Entomology，2019，56（4）：887-902.

第四章

洛阳地区嗜尸性蝇类的分子鉴定

法医昆虫学进行推断死亡时间有重要意义。机体死后不同阶段，到达尸体上的嗜尸性昆虫种类不同，呈现出较强的演替规律。丽蝇往往是第一批到达尸体并产卵的嗜尸性昆虫，但丽蝇种类繁多，需要积累更多的基因资源来进行鉴定研究。河南省地处中原，地处暖温带与亚热带，有记录的嗜尸性丽蝇多达 14 种之多[1]。

线粒体 COI 基因于 2007 年[2] 在动物学领域作为种属遗传标记建立方法后，因其具有拷贝数高、易分离、高保守性结构等特点，已被应用于法医昆虫学领域。而其中的 DNA 条形码区域序列测定被证实有益于各地双翅目的种属分子鉴定[3-5]。核基因 28S rRNA 具有重要的生物学功能，是真核生物染色体上编码核糖体大亚基的基因，在进化上比较保守，是研究生物系统发育较好的分子标记，可用于嗜尸性蝇类从科到种水平上的分子鉴定。有学者提出，为提高种属鉴定的准确性，开发更多的遗传标记是一种可以选择策略[6]。相比较线粒体 COI 基因，嗜尸性蝇类 28S rRNA 基因研究较少。

因此本研究通过分析洛阳地区常见嗜尸性蝇类 28S rRNA 基因 D1～D2 区约 720bp 的序列和 COI 基因 5′端约 648bp 序列的碱基组成，并构建系统发育树，建立种内及种间进化分歧率，研究其对常见嗜尸性蝇类的鉴定效力，并尝试联合鉴定，以期筛选新分子标记，改进分析方法，补充形态学鉴定，为今后在法医实践中应用嗜尸性蝇类进行死亡时间推断奠定基础。

第一节 两种基因片段用于分析嗜尸性丽蝇

一、材料与方法

1. 样本

实验中所用样本均来自 2016 年 6 月至 2017 年 5 月采集的蝇类样本，选取经过初步鉴定和蝇类形态学专家确认的形态学鉴定结果明确、保存完好的样本。

2. DNA 提取

根据前期常见嗜尸性蝇类不同部位三种提取方法的比较结果，结合本次实验目的，采用 Chelex-100-蛋白酶 K 法提取单侧足部 DNA。取单侧足 3 只，在去离子水中清洗后吸水纸吸干，置于离心管中，用眼科剪剪碎，具体提取步骤见第二章。提取成功后置 −20℃ 保存备用。每个样本剩余组织装回原 ID 管，−20℃保存。

3. PCR 扩增及产物检测

采用 Premix Taq™ (TaKaRa Taq™ Version 2.0 plus dye) 试剂盒对 28S rRNA 基因中目的片段（上游引物 5′-GACTACCCCCTGAATTTA-

AGCAT -3′；下游引物 5′-GACTCCTTGGTCCGTGTTTCAAG-3′）和 COⅠ基因经典 DNA 条形码引物[7] LCO1490 5′-GGTCAACAAATCATAAAGATATTGG -3′；HCO2198 5′-TAAACTTCAGGGTGACCAAAAAATCA-3′进行扩增。

扩增总体系 25uL，内含 2×Premix Taq 溶液（含 DNA Polymerase、Buffer、dNTP Mixture）12.5μL，上游、下游引物（10μmol/L）各 2μL，DNA 模板 1～6μL，ddH_2O 补足体系。

PCR 循环参数：94℃预变性 1min；94℃ 1min，45℃ 1min 30s，72℃ 1min 30s，共 5 次循环；94℃ 1min，50℃ 1min 30s，72℃ 1min，共 35 次循环；72℃延伸 8min。扩增产物 4℃保存。

PCR 产物经 2%琼脂糖凝胶电泳（120V，30min），EB 染色，电泳后置凝胶成像系统拍照分析。

4. 测序及序列分析

扩增产物送英潍捷基（上海）贸易有限公司测序，采用毛细管电泳，应用双脱氧链终止法技术对样品进行测序。使用 ABI 3730xl 测序仪及配套 BigDye Terminator 试剂盒。相关设备及试剂产品信息 3730xl 测序仪：http：//products. invitrogen. com/ivgn/product/3730XL? ICID = search-product。BigDye3.1 Terminator：https：//products. invitrogen. com/ivgn/product/4337458? ICID = search-product。

应用 Chromas Version 2.6 软件查看测序结果。应用 MEGA（Molecular Evolutionary Genetics Analysis）7.0[8] 分析软件将所得样本基因序列进行整理，去掉首尾信号杂乱序列，在线 BLAST 搜索进行序列比对，然后按邻近法（neighbor-joining，NJ）对序列进行碱基组成、进化分歧率和系统发育树分析，

Bootstrap 值为 1000。应用 Sequin Application Version 15.10 基因序列上传软件将所得基因序列上传 GenBank 数据库，并获得序列登录号（Accession number）。

二、结果

从采集到的样本中筛选出 5 属 9 种 23 个丽蝇科样本，经过提取、扩增、测序后分别获得其 28S rRNA 和 COⅠ 基因序列，Chromas Version 2.6 软件查看测序结果后使用 MEGA 7.0 分析软件去掉首尾信号杂乱序列，分别获得 28S rRNA 基因 715bp 和 COⅠ 基因 637bp 的序列。

1. BLAST 比对结果

28S rRNA 和 COⅠ 基因序列在线 BLAST 比对结果（表 4-1、表 4-2）显示所得样本 DNA 与 GenBank 中已知序列相似度较高（>99%），与形态鉴定结果相符合，但 28S rRNA 序列比对结果中没有一致的叉丽蝇、巨尾阿丽蝇和紫绿蝇的基因序列，检索 GenBank 后亦未有发现。

表 4-1　23 个丽蝇样本 28S rRNA 基因序列在线 BLAST 比对结果

序号	编号	属	种	BLAST 比对结果	覆盖率/相似度
1	DA2-5	金蝇属	大头金蝇	JF439576.1*Chrysomya megacephala*	100%/100%
2	DA2-8		大头金蝇	JF439576.1 *Chrysomya megacephala*	100%/100%
3	DH3		大头金蝇	JF439576.1 *Chrysomya megacephala*	100%/100%
4	SI1	绿蝇属	丝光绿蝇	JQ307777.1*Lucilia sericata*	100%/100%
5	SI2		丝光绿蝇	JQ307777.1 *Lucilia sericata*	100%/100%
6	SI3		丝光绿蝇	JQ307777.1 *Lucilia sericata*	100%/100%
7	SI11	绿蝇属	铜绿蝇	FJ650542.1 *Lucilia cuprina*	100%/100%
8	L15		铜绿蝇	JQ246622.1 *Lucilia cuprina*	100%/100%

续表

序号	编号	属	种	BLAST 比对结果	覆盖率/相似度
9	J1	叉丽蝇属	叉丽蝇	*Triceratopyga calliphoroides*	
10	J17		叉丽蝇	*Triceratopyga calliphoroides*	
11	J2	丽蝇属	反吐丽蝇	JQ307776.1 *Calliphora vomitoria*	100%/100%
12	J3		反吐丽蝇	JQ307776.1 *Calliphora vomitoria*	100%/100%
13	J18		反吐丽蝇	JQ307776.1 *Calliphora vomitoria*	100%/100%
14	J4	阿丽蝇属	巨尾阿丽蝇	*Aldrichina grahami*	
15	J5		巨尾阿丽蝇	*Aldrichina grahami*	
16	J6		巨尾阿丽蝇	*Aldrichina grahami*	
17	L7	绿蝇属	叉叶绿蝇	JQ307779.1 *Lucilia caesar*	100%/100%
18	L5	绿蝇属	亮绿蝇	AJ300136.1 *Lucilia illustris*	100%/100%
19	L8		亮绿蝇	AJ300136.1 *Lucilia illustris*	100%/100%
20	L14		亮绿蝇	AJ300136.1 *Lucilia illustris*	100%/100%
21	L22	绿蝇属	紫绿蝇	*Lucilia porphyrina*	
22	L23		紫绿蝇	*Lucilia porphyrina*	
23	L24		紫绿蝇	*Lucilia porphyrina*	

表 4-2　23 个丽蝇样本 COI 基因序列在线 BLAST 比对结果

序号	编号	属	种	BLAST 比对结果	覆盖率/相似度
1	DA2-5	金蝇属	大头金蝇	KR921601.1 *Chrysomya megacephala*	100%/100%
2	DA2-8		大头金蝇	KR921601.1 *Chrysomya megacephala*	100%/100%
3	DH3		大头金蝇	KR921601.1 *Chrysomya megacephala*	100%/100%
4	SI1	绿蝇属	丝光绿蝇	KY416613.1 *Lucilia sericata*	100%/100%
5	SI2		丝光绿蝇	KY416613.1 *Lucilia sericata*	100%/100%
6	SI3		丝光绿蝇	KY416613.1 *Lucilia sericata*	100%/99%
7	SI11	绿蝇属	铜绿蝇	KY001878.1 *Lucilia cuprina*	100%/100%
8	L15		铜绿蝇	MF097458.1 *Lucilia cuprina*	100%/99%
9	J1	叉丽蝇属	叉丽蝇	KY001912.1 *Triceratopyga calliphoroides*	100%/100%
10	J17		叉丽蝇	KY001912.1 *Triceratopyga calliphoroides*	100%/100%

续表

序号	编号	属	种	BLAST 比对结果	覆盖率/相似度
11	J2	丽蝇属	反吐丽蝇	KY001919.1 *Calliphora vomitoria*	100%/100%
12	J3		反吐丽蝇	KY001919.1 *Calliphora vomitoria*	100%/100%
13	J18		反吐丽蝇	KY001919.1 *Calliphora vomitoria*	100%/99%
14	J4	阿丽蝇属	巨尾阿丽蝇	KP872701.1 *Aldrichina grahami*	100%/100%
15	J5		巨尾阿丽蝇	KP872701.1 *Aldrichina grahami*	100%/100%
16	J6		巨尾阿丽蝇	KP872701.1 *Aldrichina grahami*	100%/100%
17	L7	绿蝇属	叉叶绿蝇	KM657111.1 *Lucilia caesar*	100%/100%
18	L5	绿蝇属	亮绿蝇	KM657110.1 *Lucilia illustris*	100%/100%
19	L8		亮绿蝇	KM657110.1 *Lucilia illustris*	100%/100%
20	L14		亮绿蝇	KM657109.1 *Lucilia illustris*	100%/100%
21	L22	绿蝇属	紫绿蝇	KY001869.1 *Lucilia porphyrina*	100%/100%
22	L23		紫绿蝇	KY001869.1 *Lucilia porphyrina*	100%/99%
23	L24		紫绿蝇	KX096343.1 *Lucilia porphyrina*	100%/99%

2. 碱基组成分析

对所得 23 个样本的 28S rRNA 基因进行序列分析，结果显示：保守位点 678 个，可变位点 36 个，其中简约性信息位点 36 个，自裔位点 0 个。碱基平均组成为：A=34.1%，G=18.4%，C=13.2%，T=34.2%，A+T =68.3%，具有明显的 A+T 倾向性。

对所得 23 个样本 COⅠ 基因序列进行分析发现：保守位点 523 个，可变位点 114 个，其中简约性信息位点 112 个，自裔位点 2 个。碱基平均组成为：A = 30.6%，G = 15.7%，C =

15.8%，T=37.8%，A+T =68.4%，具有明显的A+T倾向性。

3. 系统发育树分析

以家蝇（28S rRNA：GenBankKC177822.1，COⅠ：GenBankKF562113.1）为外群，Genbank中叉叶绿蝇的28S rRNA和COⅠ序列（GenBank登录号见图4-1和图4-2）各两条纳入一并分析，运用MEGA 7.0软件分析25个丽蝇样本基因序列进行分析，构建系统发育树，结果按照不同属、种分别聚类，分子鉴定结果和形态学鉴定结果一致（图4-1和图4-2），效果较好。

28S rRNA序列构建的NJ发育树显示（图4-1），自上而下共有9个群聚，3只亮绿蝇、3只叉叶绿蝇、3只紫绿蝇、2只铜绿蝇、3只丝光绿蝇、2只叉丽蝇、3只巨尾阿丽蝇、3只反吐丽蝇、3只大头金蝇分别聚类，支持率（Bootstrap检验可信度）分别为64%、92%、85%、97%、99%、63%、65%、63%和99%，绿蝇属的支持率为93%。

COⅠ序列构建的NJ发育树显示（图4-2），按照不同属种分别聚类，共5属9种，自上而下3只叉叶绿蝇、3只亮绿蝇、3只紫绿蝇、2只铜绿蝇、3只丝光绿蝇、3只巨尾阿丽蝇、2只叉丽蝇、3只反吐丽蝇、3只大头金蝇分别分布在九个群聚，各自的支持率分别为100%、98%、100%、85%、95%、100%、100%、100%和100%，绿蝇属的支持率为82%。

4. 种内及种间进化分歧率

经过计算本实验中丽蝇科5属9蝇种的28S rRNA和COⅠ遗传距离（表4-3、表4-4）发现，不同蝇种28S rRNA序列种内差

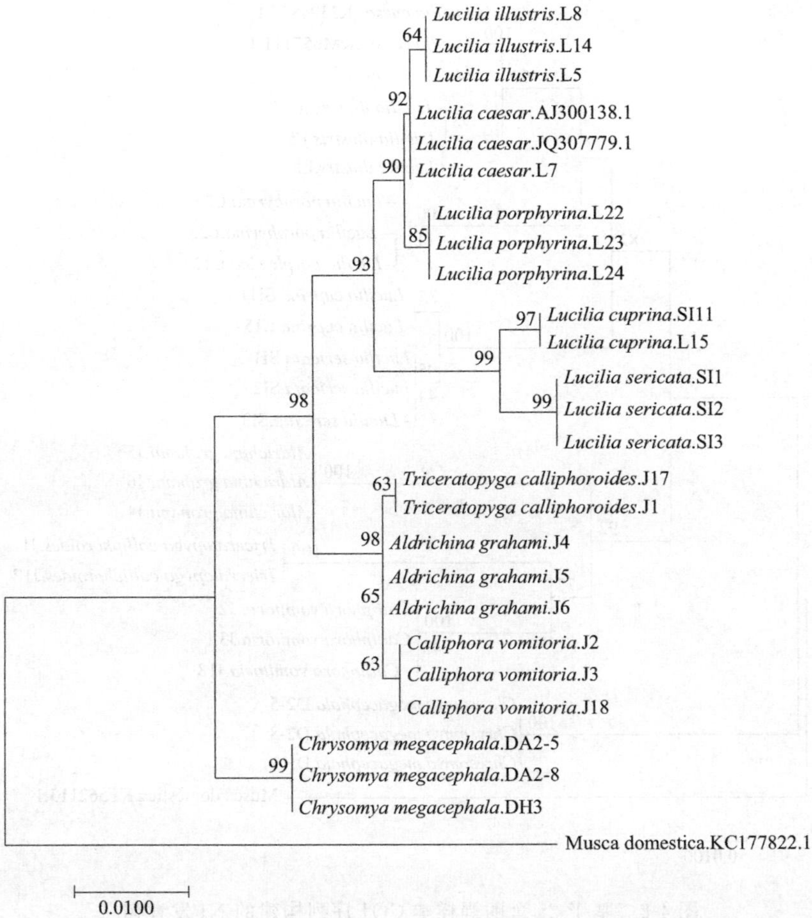

图 4-1　基于 25 个丽蝇样本 28S rRNA 序列构建的 NJ 发育树

注：图中右侧依次显示为蝇种名称、样本编号或 Genbank 序列号，左侧分支上的数字表示群聚的 Bootstrap 检验可信度（%），图左下方为标尺，表示 0.0100 进化距离的长度。

异 0，叉丽蝇、反吐丽蝇和巨尾阿丽蝇、叉叶绿蝇和亮绿蝇的种间差异均为 0.001，叉丽蝇和反吐丽蝇、叉叶绿蝇和紫绿蝇种间差异均为 0.003，亮绿蝇和紫绿蝇种间差异为 0.004，丝光绿蝇

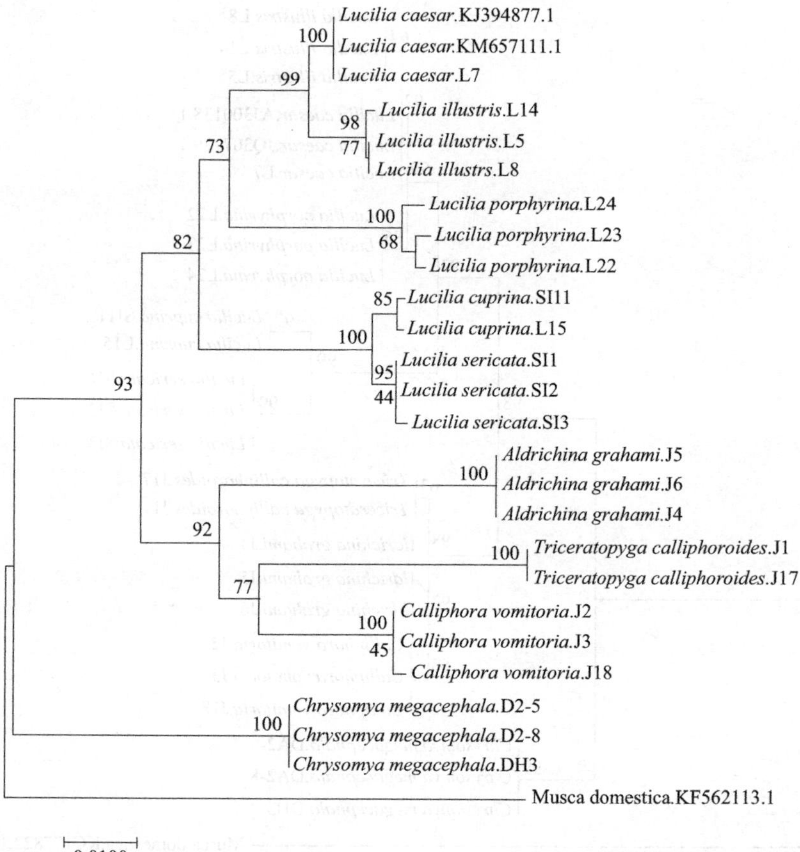

图 4-2　基于 25 个丽蝇样本 COⅠ序列构建的 NJ 发育树

注：图中右侧依次显示为蝇种名称、样本编号或 Genbank 序列号，左侧分支上的数字表示群聚的 Bootstrap 检验可信度（%），图左下方为标尺，表示 0.0100 进化距离的长度。

和铜绿蝇的种间差异为 0.008，其余种间差异 0.014～0.033；COⅠ序列种内差异为 0～0.008，丝光绿蝇和铜绿蝇的种间差异为 0.006～0.009，叉叶绿蝇和亮绿蝇种间差异为 0.011/0.013，其余种间差异为 0.037～0.101。

表 4-3　25 个丽蝇样本 28S rRNA 基因序列进化分歧率

序号	1	2	3	4	5	6	7	8	9	10	11	12	13	14	15	16	17	18	19	20	21	22	23	24	25
1																									
2	0.000																								
3	0.000	0.000																							
4	0.033	0.033	0.033																						
5	0.033	0.033	0.033	0.000																					
6	0.033	0.033	0.033	0.000	0.000																				
7	0.033	0.033	0.033	0.008	0.008	0.008																			
8	0.033	0.033	0.033	0.008	0.008	0.008	0.000																		
9	0.023	0.023	0.023	0.029	0.029	0.029	0.026	0.026																	
10	0.023	0.023	0.023	0.029	0.029	0.029	0.026	0.026	0.000																
11	0.023	0.023	0.023	0.032	0.032	0.032	0.029	0.029	0.003	0.003															
12	0.023	0.023	0.023	0.032	0.032	0.032	0.029	0.029	0.003	0.003	0.000														
13	0.023	0.023	0.023	0.032	0.032	0.032	0.029	0.029	0.003	0.003	0.000	0.000													
14	0.021	0.021	0.021	0.030	0.030	0.030	0.027	0.027	0.001	0.001	0.001	0.001	0.001												
15	0.021	0.021	0.021	0.030	0.030	0.030	0.027	0.027	0.001	0.001	0.001	0.001	0.001	0.000											
16	0.021	0.021	0.021	0.030	0.030	0.030	0.027	0.027	0.001	0.001	0.001	0.001	0.001	0.000	0.000										
17	0.024	0.024	0.024	0.018	0.018	0.018	0.018	0.018	0.016	0.016	0.016	0.016	0.016	0.014	0.014	0.014									

续表

序号	1	2	3	4	5	6	7	8	9	10	11	12	13	14	15	16	17	18	19	20	21	22	23	24	25
18	0.024	0.024	0.024	0.018	0.018	0.018	0.018	0.018	0.016	0.016	0.016	0.016	0.016	0.014	0.014	0.014	0.000								
19	0.024	0.024	0.024	0.018	0.018	0.018	0.018	0.018	0.016	0.016	0.016	0.016	0.016	0.014	0.014	0.014	0.000	0.000							
20	0.026	0.026	0.026	0.020	0.020	0.020	0.020	0.020	0.017	0.017	0.017	0.017	0.017	0.016	0.016	0.016	0.001	0.001	0.001						
21	0.026	0.026	0.026	0.020	0.020	0.020	0.020	0.020	0.017	0.017	0.017	0.017	0.017	0.016	0.016	0.016	0.001	0.001	0.001	0.000					
22	0.026	0.026	0.026	0.020	0.020	0.020	0.020	0.020	0.017	0.017	0.017	0.017	0.017	0.016	0.016	0.016	0.001	0.001	0.001	0.000	0.000				
23	0.026	0.026	0.026	0.020	0.020	0.020	0.020	0.020	0.018	0.018	0.018	0.018	0.018	0.017	0.017	0.017	0.003	0.003	0.003	0.004	0.004	0.004			
24	0.026	0.026	0.026	0.020	0.020	0.020	0.020	0.020	0.018	0.018	0.018	0.018	0.018	0.017	0.017	0.017	0.003	0.003	0.003	0.004	0.004	0.004	0.000		
25	0.026	0.026	0.026	0.020	0.020	0.020	0.020	0.020	0.018	0.018	0.018	0.018	0.018	0.017	0.017	0.017	0.003	0.003	0.003	0.004	0.004	0.004	0.000	0.000	

注：1～3 大头金蝇，4～6 丝光绿蝇，7～8 铜绿蝇，9～10 叉丽蝇，11～13 反吐丽蝇，14～16 巨尾阿丽蝇，17～19 叉叶绿蝇，20～22 亮绿蝇，23～25 紫绿蝇。

表 4-4　25 个丽蝇样本 COⅠ 基因序列进化分歧率

序号	1	2	3	4	5	6	7	8	9	10	11	12	13	14	15	16	17	18	19	20	21	22	23	24	25
1																									
2	0.000																								
3	0.000	0.000																							
4	0.090	0.090	0.090																						
5	0.090	0.090	0.090	0.000																					
6	0.092	0.092	0.092	0.002	0.002																				

续表

序号	1	2	3	4	5	6	7	8	9	10	11	12	13	14	15	16	17	18	19	20	21	22	23	24	25
7	0.094	0.094	0.094	0.006	0.006	0.008																			
8	0.092	0.092	0.092	0.008	0.008	0.009	0.002																		
9	0.098	0.098	0.098	0.083	0.083	0.085	0.090	0.089																	
10	0.098	0.098	0.098	0.083	0.083	0.085	0.090	0.089	0.000																
11	0.088	0.088	0.088	0.063	0.063	0.065	0.070	0.069	0.054	0.054															
12	0.088	0.088	0.088	0.063	0.063	0.065	0.070	0.069	0.054	0.054	0.000														
13	0.089	0.089	0.089	0.065	0.065	0.067	0.072	0.070	0.056	0.056	0.002	0.002													
14	0.093	0.093	0.093	0.074	0.074	0.076	0.076	0.078	0.079	0.079	0.061	0.061	0.063												
15	0.093	0.093	0.093	0.074	0.074	0.076	0.076	0.078	0.079	0.079	0.061	0.061	0.063	0.000											
16	0.093	0.093	0.093	0.074	0.074	0.076	0.076	0.078	0.079	0.079	0.061	0.061	0.063	0.000	0.000										
17	0.086	0.086	0.086	0.048	0.048	0.049	0.048	0.046	0.077	0.077	0.058	0.058	0.060	0.075	0.075	0.075									
18	0.086	0.086	0.086	0.048	0.048	0.049	0.048	0.046	0.077	0.077	0.058	0.058	0.060	0.075	0.075	0.075	0.000								
19	0.086	0.086	0.086	0.048	0.048	0.049	0.048	0.046	0.077	0.077	0.058	0.058	0.060	0.075	0.075	0.075	0.000	0.000							
20	0.088	0.088	0.088	0.049	0.049	0.051	0.049	0.048	0.079	0.079	0.065	0.065	0.067	0.084	0.084	0.084	0.011	0.011	0.011						
21	0.088	0.088	0.088	0.049	0.049	0.051	0.049	0.048	0.079	0.079	0.065	0.065	0.067	0.084	0.084	0.084	0.011	0.011	0.011	0.000					
22	0.086	0.086	0.086	0.048	0.048	0.049	0.051	0.049	0.078	0.078	0.063	0.063	0.065	0.086	0.086	0.086	0.013	0.013	0.013	0.002	0.002				
23	0.101	0.101	0.101	0.058	0.058	0.060	0.062	0.060	0.092	0.092	0.076	0.076	0.078	0.088	0.088	0.088	0.037	0.037	0.037	0.046	0.046	0.044			
24	0.099	0.099	0.099	0.055	0.055	0.056	0.058	0.056	0.090	0.090	0.078	0.078	0.080	0.086	0.086	0.086	0.039	0.039	0.039	0.047	0.047	0.046	0.003		
25	0.094	0.094	0.094	0.053	0.053	0.055	0.056	0.055	0.092	0.092	0.076	0.076	0.078	0.087	0.087	0.087	0.041	0.041	0.041	0.049	0.049	0.047	0.008	0.005	

注：1～3 大头金蝇，4～6 丝光绿蝇，7～8 铜绿蝇，9～10 叉丽蝇，11～13 反吐丽蝇，14～16 巨尾阿丽蝇，17～19 叉叶绿蝇，20～22 亮绿蝇，23～25 紫绿蝇。

5. 序列上传

本实验中样本基因序列 GenBank 数据库登录号见表 4-5。

表 4-5　23 个丽蝇样本基因序列 GenBank 登录号

序号	编号	属	种	28S rRNA 基因	COⅠ 基因
1	DA2-5	金蝇属	大头金蝇	KY213956	MF281693
2	DA2-8		大头金蝇	KY197791	MF281694
3	DH3		大头金蝇	KY197795	MF281695
4	SI1	绿蝇属	丝光绿蝇	KY197797	MF281689
5	SI2		丝光绿蝇	KY197798	MF281690
6	SI3		丝光绿蝇	KY197799	MF595892
7	SI11	绿蝇属	铜绿蝇	KY197796	MF281691
8	L15		铜绿蝇	MF281688	MF281692
9	J1	叉丽蝇属	叉丽蝇	MF281678	MF281696
10	J17		叉丽蝇	MF281679	MF281697
11	J2	丽蝇属	反吐丽蝇	MF281680	MF281698
12	J3		反吐丽蝇	MF281681	MF281699
13	J18		反吐丽蝇	MF595891	MF595893
14	J4	阿丽蝇属	巨尾阿丽蝇	MF281682	MF281700
15	J5		巨尾阿丽蝇	MF281683	MF281701
16	J6		巨尾阿丽蝇	MF281684	MF281702
17	L7	绿蝇属	叉叶绿蝇	MF694304	MF694303
18	L5	绿蝇属	亮绿蝇	MF694305	MF694297
19	L8		亮绿蝇	MF694306	MF694298
20	L14		亮绿蝇	MF694307	MF694299
21	L22	绿蝇属	紫绿蝇	MF694308	MF694300
22	L23		紫绿蝇	MF694309	MF694301
23	L24		紫绿蝇	MF694310	MF694302

三、小结

本实验中 9 种 23 只丽蝇，基于 28S rRNA 和 COⅠ 基因序列的分子鉴定结果均与形态学分类鉴定结果一致。COⅠ 序列种内差异为 0～0.008，丝光绿蝇和铜绿蝇的种间差异为 0.006～0.009，叉叶绿蝇和亮绿蝇种间差异为 0.011/0.013，其余种间差异为 0.037～0.101。Wells 等学者[9] 对丽蝇科 mtDNA 进行了测序及系统树发育分析发现 COⅠ +COⅡ 种间差异大于等于 3%，而种内差异小于 1%，由此根据 COⅠ +COⅡ 序列差异来判断丽蝇个体是否同种。按照此理论分析，本实验中 COⅠ 序列不能有效区分丝光绿蝇和铜绿蝇、叉叶绿蝇和亮绿蝇，其他蝇种之间均可有效区分。28S rRNA 基因序列分析发现，叉丽蝇、反吐丽蝇和巨尾阿丽蝇、叉叶绿蝇和亮绿蝇的种间差异均为 0.001，叉丽蝇和反吐丽蝇、叉叶绿蝇和紫绿蝇种间差异均为 0.003，亮绿蝇和紫绿蝇种间差异为 0.004，丝光绿蝇和铜绿蝇的种间差异为 0.008，其余种间差异为 0.014～0.033，其中只有大头金蝇和丝光绿蝇、铜绿蝇，丝光绿蝇和反吐丽蝇、巨尾阿丽蝇的种间差异大于等于 3%，同理只可有效区分这些蝇种。

与 COⅠ 基因序列相比，28S rRNA 基因序列种内种间差异均较小，这就提示此现象与该基因序列本身关系较为密切。根据 Frézal 和 Leblois[10] 的理论，用来界定物种种内种间差异的值并非是一个定值，而应该根据实际情况加以修正。本研究中采用的 28S rRNA 基因序列种内种间差异值的确定需要进一步研究和验证。值得注意的是，在 COⅠ 基因序列种间差异整体明显大于 28S rRNA 基因序列的情况下，丝光绿蝇和铜绿蝇的种间差异却与 28S rRNA 基因序列非常接近，因此推测对于区分近缘关系的丝光绿蝇和铜绿蝇，28S rRNA 基因序列鉴定效力可能优于 COⅠ 基因序列，这有待于更多样本的验证。BLAST 在线比对过程中没有发现一致的叉丽蝇、巨尾阿丽蝇和紫绿蝇的该基因序列，说明该蝇种的相关研究较少，而本研究可以为此提供基础数据。

Wells 等学者[9] 认为，分子鉴定即使不能够准确确定某一特定嗜尸性蝇种，至少可以把未知蝇种定位于某一特定的进化分支上。本研究中部分蝇种即使不能根据种内种间差异确定和区分，但所有样本均位于某一特定的分支上，Bootstrap 检验可信度较高，并且两种分子标记系统发育分类一致，起到了很好的验证和补充作用。

综上所述，联合 28S rRNA 和 COⅠ 基因序列片段可以较好区分本研究中的 9 种嗜尸性丽蝇，但对于近缘种丝光绿蝇和铜绿蝇，叉叶绿蝇和亮绿蝇的判定需要更多遗传标记的开发和联合应用。

第二节 两种基因片段分析常见嗜尸性麻蝇

早期尸体上最常发现的往往是双翅目昆虫中的蝇类，尤其是丽蝇科和麻蝇科[11]。麻蝇科蝇类虽然没有丽蝇科蝇类对于死亡时间的意义重要，但也是命案现场经常被发现的昆虫，近年来对于麻蝇的研究也逐渐增多。由于不同地区生活的麻蝇种类有所不同，且麻蝇的鉴定非常困难，成虫往往需要通过雄性外生殖器鉴定，因此发展一种快捷方便的鉴定方法至关重要。

一、材料与方法

同第四章第一节的材料与方法。

二、结果

本次实验共获得3属5种18个麻蝇样本DNA。28S rRNA和COⅠ基因扩增产物长度分别为750bp和650bp左右，使用分析软件截除引物和杂带后，余下序列长度分别为721bp和646bp。

1. BLAST比对结果

在线BLAST比对结果（表4-6）表明本实验中样本COⅠ基因序列与GenBank数据库中已知序列相似度较高（>99%），这与形态学鉴定结果相一致。28S rRNA比对结果显示，GenBank中只有3条肥须亚麻蝇（*Sarcophaga crassipalpis*）序列可以与之匹配。通过GenBank搜索以上5个蝇种28S rRNA基因序列发现，除棕尾别麻蝇有4条记录外，其余均未检索到相应序列，且4条记录长度均约400bp。

表4-6　18个麻蝇样本COⅠ基因序列在线BLAST比对结果

序号	编号	属	种	BLAST比对结果	覆盖率/相似度
1	MZ-14	麻蝇属	赤尾麻蝇	KF038000.1 *Sarcophaga africa*	100%/100%
2	MZH-13		赤尾麻蝇	KF038000.1 *Sarcophaga africa*	100%/100%
3	MZ-2	麻蝇属	红尾粪麻蝇	JX861407.1 *Sarcophaga haemorrhoidalis*	100%/100%

续表

序号	编号	属	种	BLAST 比对结果	覆盖率/相似度
4	MZ-5	麻蝇属	红尾粪麻蝇	JX861407.1 *Sarcophaga haemorrhoidalis*	100%/100%
5	MZH-2		红尾粪麻蝇	JX861407.1 *Sarcophaga haemorrhoidalis*	100%/100%
6	MZH-15		红尾粪麻蝇	JX861407.1 *Sarcophaga haemorrhoidalis*	100%/100%
7	MDH-1		红尾粪麻蝇	JX861407.1 *Sarcophaga haemorrhoidalis*	100%/100%
8	MDH-2		红尾粪麻蝇	JX861407.1 *Sarcophaga haemorrhoidalis*	100%/100%
9	MZ-7	亚麻蝇属	酱亚麻蝇	KM279641.1 *Sarcophaga dux*	100%/100%
10	MD-1		酱亚麻蝇	KM279641.1 *Sarcophaga dux*	100%/100%
11	MZ-6	亚麻蝇属	急钩酱亚麻蝇	KM287570.1 *Sarcophaga portschinskyi*	100%/99%
12	MZ-8		急钩酱亚麻蝇	KM287570.1 *Sarcophaga portschinskyi*	100%/99%
13	MD-2		急钩酱亚麻蝇	KM287570.1 *Sarcophaga portschinskyi*	100%/99%
14	MD-3		急钩酱亚麻蝇	KM287570.1 *Sarcophaga portschinskyi*	100%/99%
15	MZ-1	别麻蝇属	棕尾别麻蝇	KF037991.1 *Sarcophaga peregrina*	100%/100%
16	MZ-3		棕尾别麻蝇	KF037991.1 *Sarcophaga peregrina*	100%/100%
17	MZH-1		棕尾别麻蝇	KF037991.1 *Sarcophaga peregrina*	100%/100%
18	MZH-4		棕尾别麻蝇	KF037991.1 *Sarcophaga peregrina*	100%/100%

2. 碱基组成分析

对所得 18 个麻蝇样本的 COⅠ 基因序列进行分析发现：保守位点 563 个，可变位点 83 个，其中简约性信息位点 81 个，自裔位点 2 个。碱基平均组成为：A＝29.9％，G＝16.7％，C＝16.1％，T＝37.3％，A＋T ＝67.2％，具有明显的 A＋T 倾向性。

对所有 18 个麻蝇样本的 28S rRNA 基因进行序列分析，结果显示：保守位点 716 个，可变位点 5 个，其中简约性信息位点 5 个，自裔位点 0 个。碱基平均组成为：A＝34.5％，G＝18.4％，C＝13.5％，T＝33.6％，A＋T ＝68.1％，具有明显的 A＋T 倾向性。

3. 发育树分析

以家蝇（COⅠ：GenBank KF562113.1）为外群，运用 MEGA 7.0 软件分析 18 个麻蝇样本 COⅠ 基因序列，构建系统发育树。结果按照不同属、种分别聚类，分子鉴定结果和形态学鉴定结果一致（图 4-3），效果较好。NJ 发育树显示，18 个麻蝇按照不同属种分别聚类，共 3 属 5 种，在麻蝇种的级别上，从上到下 4 只急钩（亚）麻蝇，2 只酱亚麻蝇，4 只棕尾别麻蝇，2 只赤尾麻蝇和 6 只红尾粪麻蝇分别分布在五个群聚，支持率（Bootstrap 检验可信度）分别为 100％、100％、100％、100％、97％。亚麻蝇属支持率 62％，麻蝇属支持率 100％。

以家蝇（28S rRNA：GenBank KC177822.1）为外群，基于 18 个麻蝇样本 28S rRNA 序列构建的 NJ 发育树显示（图 4-4），自下而上共有 3 个群聚，依次为：4 只棕尾别麻蝇聚成一支，支

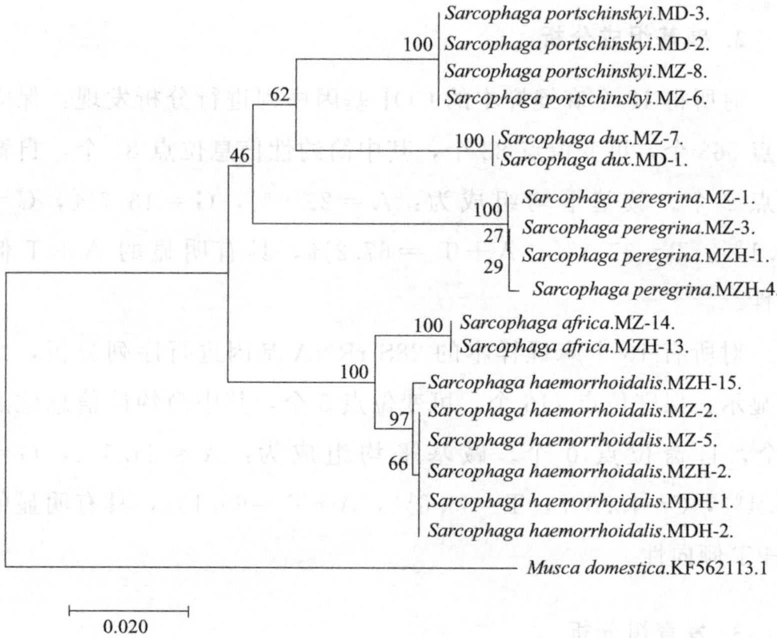

图 4-3　基于 18 个麻蝇样本 COⅠ 序列构建的 NJ 发育树

注：图中右侧依次显示为蝇种名称、样本编号或 Genbank 序列号，左侧分支上的数字表示群聚的 Bootstrap 检验可信度（%），图左下方为标尺，表示 0.020 进化距离的长度。

持率 98%；4 只急钩（亚）麻蝇聚成一支，支持率 66%；2 只酱亚麻蝇，4 只棕尾别麻蝇，6 只红尾粪麻蝇和 2 只赤尾麻蝇共 3 个蝇种聚成一支。

4. 种内及种间进化分歧率

经过计算 3 属 5 种 18 个不同麻蝇种的 COⅠ 遗传距离发现（表 4-7），棕尾别麻蝇与其他蝇种种间差异为 0.072～0.087，种内差异为 0～0.002；急钩（亚）麻蝇种间差异为 0.057～0.077，种内差异为 0；酱亚麻蝇种间差异为 0.057～0.085，种内差异为

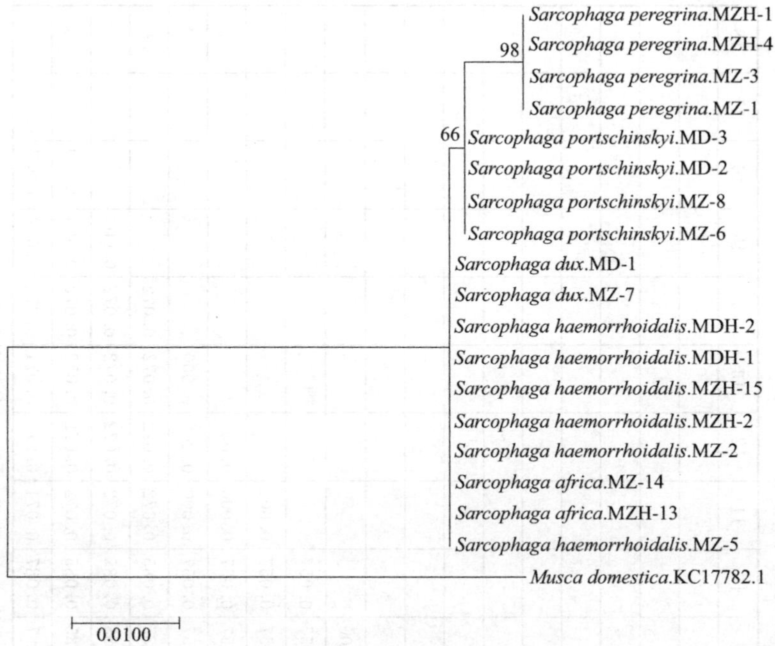

图 4-4　基于 18 个麻蝇样本 28S rRNA 基因序列构建的 NJ 发育树

注：图中右侧依次显示为蝇种名称、样本编号或 Genbank 序列号，左侧分支上的数字表示群聚的 Bootstrap 检验可信度（%），图左下方为标尺，表示 0.0100 进化距离的长度。

0；赤尾麻蝇与红尾粪麻蝇种间差异为 0.021，与其他 3 个蝇种种间差异为 0.077～0.084，种内差异为 0；红尾粪麻蝇与其他 3 个蝇种种间差异为 0.066～0.084，种内差异为 0～0.003。种间差异和种内差异均没有交叉。

而 18 个不同蝇种的 28S rRNA 遗传距离（表 4-8）显示，棕尾别麻蝇与其他蝇种种间差异为 0.006～0.007，急钩（亚）麻蝇种间差异为 0.001，酱亚麻蝇、赤尾麻蝇和红尾粪麻蝇 3 各蝇种与其他蝇种种间差异均为 0，所有蝇种种内差异均为 0。棕尾别麻蝇和酱亚麻蝇种内差异与其他蝇种的种间差异没有交叉，其他 3 个蝇种均有交叉。

表 4-7　18 个麻蝇样本 COⅠ 基因序列进化分歧率

序号	1	2	3	4	5	6	7	8	9	10	11	12	13	14	15	16	17	18
1																		
2	0.000																	
3	0.021	0.021																
4	0.021	0.021	0.000															
5	0.021	0.021	0.000	0.000														
6	0.021	0.021	0.003	0.003	0.003													
7	0.021	0.021	0.000	0.000	0.000	0.003												
8	0.021	0.021	0.000	0.000	0.000	0.003	0.000											
9	0.083	0.083	0.077	0.077	0.077	0.081	0.077	0.077										
10	0.083	0.083	0.077	0.077	0.077	0.081	0.077	0.077	0.000									
11	0.077	0.077	0.066	0.066	0.066	0.069	0.066	0.066	0.057	0.057								
12	0.077	0.077	0.066	0.066	0.066	0.069	0.066	0.066	0.057	0.057	0.000							
13	0.077	0.077	0.066	0.066	0.066	0.069	0.066	0.066	0.057	0.057	0.000	0.000						
14	0.077	0.077	0.066	0.066	0.066	0.069	0.066	0.066	0.057	0.057	0.000	0.000	0.000					
15	0.082	0.082	0.079	0.079	0.079	0.082	0.079	0.079	0.085	0.085	0.072	0.072	0.072	0.072				
16	0.082	0.082	0.079	0.079	0.079	0.082	0.079	0.079	0.085	0.085	0.072	0.072	0.072	0.072	0.000			
17	0.082	0.082	0.079	0.079	0.079	0.082	0.079	0.079	0.085	0.085	0.072	0.072	0.072	0.072	0.000	0.000		
18	0.084	0.084	0.080	0.080	0.080	0.084	0.080	0.080	0.087	0.087	0.074	0.074	0.074	0.074	0.002	0.002	0.002	

注：1～2 赤尾麻蝇，3～8 红尾粪麻蝇，9～10 酱亚麻蝇，11～14 急钩（亚）麻蝇，15～18 棕尾别麻蝇。

表 4-8　18 个不同蝇种的 28S rRNA 遗传距离

序号	1	2	3	4	5	6	7	8	9	10	11	12	13	14	15	16	17	18
1																		
2	0.00																	
3	0.00	0.00																
4	0.00	0.00	0.00															
5	0.00	0.00	0.00	0.00														
6	0.00	0.00	0.00	0.00	0.00													
7	0.00	0.00	0.00	0.00	0.00	0.00												
8	0.00	0.00	0.00	0.00	0.00	0.00	0.00											
9	0.00	0.00	0.00	0.00	0.00	0.00	0.00	0.00										
10	0.00	0.00	0.00	0.00	0.00	0.00	0.00	0.00	0.00									
11	0.001	0.001	0.001	0.001	0.001	0.001	0.001	0.001	0.001	0.001								
12	0.001	0.001	0.001	0.001	0.001	0.001	0.001	0.001	0.001	0.001	0.00							
13	0.001	0.001	0.001	0.001	0.001	0.001	0.001	0.001	0.001	0.001	0.00	0.00						
14	0.001	0.001	0.001	0.001	0.001	0.001	0.001	0.001	0.001	0.001	0.00	0.00	0.00					
15	0.007	0.007	0.007	0.007	0.007	0.007	0.007	0.007	0.007	0.007	0.006	0.006	0.006	0.006				
16	0.007	0.007	0.007	0.007	0.007	0.007	0.007	0.007	0.007	0.007	0.006	0.006	0.006	0.006	0.00			
17	0.007	0.007	0.007	0.007	0.007	0.007	0.007	0.007	0.007	0.007	0.006	0.006	0.006	0.006	0.00	0.00		
18	0.007	0.007	0.007	0.007	0.007	0.007	0.007	0.007	0.007	0.007	0.006	0.006	0.006	0.006	0.00	0.00	0.00	

注：1～2 赤尾麻蝇，3～8 红尾粪麻蝇，9～10 酱亚麻蝇，11～14 急钩（亚）麻蝇，15～18 棕尾别麻蝇。

5. 序列上传

本实验中样本基因序列 GenBank 数据库登录号见表 4-9。

表 4-9　18 个麻蝇样本基因序列 GenBank 登录号

序号	编号	属	种	28SrRNA 基因	COⅠ 基因
1	MZ-14	麻蝇属	赤尾麻蝇	MH177758	MH187881
2	MZH-13		赤尾麻蝇	MH177757	MH187882
3	MZ-2	麻蝇属	红尾粪麻蝇	MH177762	MH187893
4	MZ-5		红尾粪麻蝇	MH177761	MH187894
5	MZH-2		红尾粪麻蝇	MH177759	MH187896
6	MZH-15		红尾粪麻蝇	MH177760	MH187895
7	MDH-1		红尾粪麻蝇	MH177764	MH187891
8	MDH-2		红尾粪麻蝇	MH177763	MH187892
9	MZ-7	亚麻蝇属	酱亚麻蝇	MH177755	MH187898
10	MD-1		酱亚麻蝇	MH177756	MH187897
11	MZ-6	亚麻蝇属	急钩酱亚麻蝇	MH177767	MH187885
12	MZ-8		急钩酱亚麻蝇	MH177766	MH187886
13	MD-2		急钩酱亚麻蝇	MH177765	MH187883
14	MD-3		急钩酱亚麻蝇	MH177768	MH187884
15	MZ-1	别麻蝇属	棕尾别麻蝇	KY197810	MH187887
16	MZ-3		棕尾别麻蝇	KY197811	MH187888
17	MZH-1		棕尾别麻蝇	KY197812	MH187889
18	MZH-4		棕尾别麻蝇	KY197813	MH187890

三、小结

Tan 等[12,13] 分别对澳大利亚和马来西亚麻蝇科蝇种的 COⅠ 全序列进行分析鉴定，证实全序列具有较高的鉴别效力。国内学者[14,15] 也通过 COⅠ 部分序列对麻蝇进行分类研究，取得较好的效果。Zajac 等[16] 通过基于 COⅠ部分序列的 DNA 条码和 28S rRNA 成功鉴定泰国北部 13 种不同的法医相关重要蝇类，其中 4 种麻蝇与本研究中的 5 种完全不同，并提出联合线粒体基因和核基因可增加分子鉴定的准确性。

本实验中 18 只麻蝇，基于 COⅠ基因分子鉴定结果与形态学分类鉴定结果一致。除赤尾麻蝇与红尾粪麻蝇种间差异为 0.021（小于 3%）外，其他蝇种种间差异均大于 3%，并且种间差异和种内差异均没有交叉。按照 Wells 等学者[9] 的理论，本实验中所采用的 COⅠ基因序列可以很好地区分棕尾别麻蝇、酱亚麻蝇和急钩（亚）麻蝇；赤尾麻蝇和红尾粪麻蝇的序列较差，不能完全有效区分，可能和两者进化近缘关系有关。但从系统发育树来看，赤尾麻蝇和红尾粪麻蝇分别位于两个不同的分支上，并且 Bootstrap 检验可信度较高，分别为 100% 和 97%，鉴于其近缘关系，两者之间的种间差异范围有待于采用更多样本和分子标记深入研究。

同理，5 种麻蝇 18 个样本 28S rRNA 基因序列分析发现，各蝇种种间差异均较低，尤其是酱亚麻蝇、赤尾麻蝇和红尾粪麻蝇 3 个蝇种与其他蝇种种间差异均为 0，种间差异与种内差异有交叉，并且系统发育树中此 3 蝇种位于同一分支上，说明这一分子标记对于麻蝇的分子鉴定有效性较低。但鉴于发育树种的棕尾别麻蝇和急钩（亚）麻蝇分别各自聚类，Bootstrap 检验可信度分别为 98% 和 66%，因此推测该分子标记对棕尾别麻蝇和急钩（亚）麻蝇的分子鉴定有一定意义。

总体来说，本研究中 COⅠ基因可以有效区分棕尾别麻蝇、酱亚麻蝇和急钩（亚）麻蝇，28S rRNA 基因只可以区分棕尾别麻蝇和急钩（亚）麻蝇，两者可作为形态学鉴定之外的重要方法补充，但对于近缘种类，需要开发和增加更多的遗传标记予以区分。

参考文献

[1] 蒿自睿，王江峰，万香波，等．我国嗜尸性蝇类分布的相关文献综述［J］．寄生虫与医学昆虫学报，2006，13（4）：251-256.

[2] Waugh J. DNA barcoding in animal species：progress，potential and pitfalls［J］．Bio Essays，2007，29（2）：188-197.

[3] Harvey M，Dadour I R，Gaudieri S，et al. Mitochondrial DNA cytochrome oxidase I gene：potential for distinction between immature stages of some forensically important fly species（Diptera）in western Australia［J］．Forensic Sci Int，2003，131（2）：134-139.

[4] Zehner R，Amendt J，Schutt S，et al. Genetic identification of forensically important flesh flies（Diptera：Sarcophagidae）［J］．Int J Leg Med，2004，118（4）：245-247.

[5] De Azeredoespin A M，Lessinger A C. Genetic approaches for studying myiasis-causing flies：molecular markers and mitochondrial genomics［J］．Genetica，2006，126（1-2）：111-131.

[6] Kutty S N，Pont A C，Meier R，et al. Complete tribal sampling reveals basal split in Muscidae（Diptera），confirms saprophagy as ancestral feeding mode，and reveals an evolutionary correlation between instar numbers and carnivory［J］．Mol Phylogenet Evol，2014，78：349-364.

[7] Folmer O，Black M，Hoeh W，Lutz R，Vrijenhoek R. DNA primers for amplification of mitochondrial cytochrome c oxidase subunit I from diverse metazoan invertebrates. Mol Mar Biol Biotechnol. 1994；3（5）：294-299.

[8] Kumar S，Stecher G，Tamura K. MEGA7：Molecular Evolutionary Genetics Analysis Version 7.0 for Bigger Datasets［J］．Mol Biol Evol，2016，33（7）：1870-1874.

[9] Wells J D，Sperling F A. DNA-based identification of forensically important Chrysomyinae（Diptera：Calliphoridae）［J］．Forensic Sci Int，2001，120（1）：110-115.

［10］ Frezal L，Leblois R. Four years of DNA barcoding：Current advances and prospects ［J］. Infection Genet Evol，2008，8（5）：727-736.

［11］ Smith JA，Baker NC. Molecular genetic identification of forensically important flies in the UK［J］. Forensic Sci Int Genet Supplement Series，2008，1（1）：620-622.

［12］ Tan SH，Rizman-Idid M，Mohd-Aris E，et al. DNA-based characterisation and classification of forensically important flesh flies（Diptera：Sarcophagidae）in Malaysia ［J］. Forensic Sci Int，2010，199（1-3）：43-49.

［13］ Meiklejohn KA，Wallman JF，Dowton M. DNA-based identification of forensically important Australian Sarcophagidae（Diptera）［J］. Int J Leg Med，2011，125（1）：27-32.

［14］ Guo Y，Zha L，Yan W，et al. Identification of forensically important sarcophagid flies（Diptera：Sarcophagidae）in China based on COⅠ and period gene［J］. J Forensic Leg Med，2014，128（1）：221-228.

［15］ Zhang C，Fu X，Xie K，et al. MtDNA Analysis for Genetic Identification of Forensically Important Sarcophagid Flies（Diptera：Sarcophagidae）in China.［J］. J Medical Entomol，2015，52（6）：1225-1233.

［16］ Zajac BK，Sontigun N，Wannasan A，et al. Application of DNA barcoding for identifying forensically relevant Diptera from northern Thailand［J］. Parasitol Res，2016，115（6）：2307-2320.

第五章

最常见近缘种的分子生物学研究

通过从尸体或犯罪现场收集的昆虫，估算出其产卵时间，对推断死亡后的最小时间间隔具有重要作用。丽蝇通常是第一个在尸体上定居的昆虫，它们能在较大的空间内精确定位气味来源，在死后几分钟至几小时内将卵沉积在尸体上，且种群优势显著。利用嗜尸性蝇类演替规律推断 PMI 的方法已被大家所认可，种属鉴定是其重要环节[1]，分子技术打破了形态学鉴定的限制。

Wells 等[2] 对丽蝇科的线粒体 DNA 进行测序，得到了较为清楚的系统发育分类，但对于表型相似的丝光绿蝇和铜绿蝇不能有效区分，引起了法医昆虫学家对近缘种区分的重视。研究表明，线粒体 DNA 中 COⅠ和 COⅡ基因是嗜尸性蝇类种属鉴定的常用标记，然而在某些情况下，对于一些种属类群特征描述的结果并不明确，尤其是高序列同源性的近缘种分子鉴定，出现种间差异较小，种内种间差异重叠，进化树聚支不清晰等结果[3,4]。核糖体 DNA 包含 18S、ITS1、5.8S、ITS2、28S 等组成的串联重复单位。其中，ITS2 具有序列长度短、易于扩增、信息含量高、区域相对较短等优点，在个体和群体内具有较好的均一性，少量样本能有效代表群体的变异情况，是生物系统进化研究中一个非常有用的分子标记。

因此，考虑对种属更深层次的发育研究不能仅依靠单基因进行分子识别，需要转向更多遗传标记的开发和联合应用来解决这一问题。本研究拟通过分析常见嗜尸性丽蝇 ITS2 基因，探讨其作为嗜尸性蝇类种特异性标记的可能，以期为应用嗜尸性丽蝇推断死亡时间提供基础数据。

第一节　嗜尸性丽蝇的 ITS2 基因序列分析

一、材料与方法

1. 主要试剂及仪器

PK、Chelex-100、EDTA、SDS、Tris-HCL、NaOH、NaCl、EB、琼脂糖、引物、电热恒温水槽（上海博迅实业公司）、XK96-快速混匀器（江苏新康医疗器械公司）、台式离心机（上海安亭科学仪器厂）、电子万用炉（北京市永光明医疗仪器公司）、电子天平（上海奥豪斯仪器公司）、超纯水机（Mili-Q，美国 Millipore 公司）、MG96＋基因扩增仪（杭州朗基科学仪器公司）、9700 PCR 仪（美国 ABI 公司）、一体式核酸电泳仪（英国，Cleaver 公司）、凝胶成像系统（杭州朗基科学仪器公司）。

2. 样本采集

实验中所用样本均来自河南科技大学室外（洛阳地区）树荫下幼兔尸体上采集的蝇类样本，选取经过蝇类形态学专家确认的

22只嗜尸性丽蝇：3只大头金蝇［*Chrysomya megacephala*（Fabricius，1974）］，3只丝光绿蝇［*Lucilia sericata*（Meigen，1826）］，2只铜绿蝇［*Lucilia cuprina*（Wiedemann，1830）］，2只叉丽蝇［*Triceratopyga calliphoroides*（Rohdendorf，1931）］，2只反吐丽蝇［*Calliphora vomitoria*（Linnaeus，1758）］，3只巨尾阿丽蝇［*Aldrichina grahami*（Aldrich，1930）］，3只紫绿蝇［*Lucilia porphyrina*（Walker，1856）］，3只亮绿蝇［*Lucilia illustris*（Meigen，1826）］，1只叉叶绿蝇［*Lucilia caesar*（Linnaeus，1758）］。

3. 虚拟样本

以ITS2和9种蝇类（大头金蝇、丝光绿蝇、铜绿蝇、叉丽蝇、反吐丽蝇、巨尾阿丽蝇、紫绿蝇、亮绿蝇和叉叶绿蝇）为关键词，检索GenBank数据库（https：//www.ncbi.nlm.nih.gov/genbank/），限定区域为东亚地区，将大于300bp的序列纳入本研究。经筛选获得21条记录，其中15条来自中国地区，6条来自韩国地区。

4. DNA提取及扩增

Chelex-100-蛋白酶K法：每个样本取足4条，去离子水清洗后吸水纸吸干，置于离心管中，用眼科剪剪碎组织。加入200μL Chelex-100（沉淀约50μL，上清液约150μL），PK（10mg/mL）2μL，56℃水浴3小时后，观察上清液透明度，再加入PK（10mg/mL）8μL，过夜消化。取出后热敷（99.9℃ 10min，10℃ 10min），冰浴10min，待溶化后，离心机12000r/min离心10min。取上清液4℃保存备用，剩余组织样本装回原ID管，置

－20℃保存。

PCR 扩增：采用 Premix Taq™（TaKaRa Taq™ Version 2.0 plus dye）试剂盒对 ITS2 基因中的目的片段进行扩增，扩增引物为：上游引物 5′-TGC TTG GAC TAC ATA TGG TTG A-3′，下游引物 5′-GTA GTC CCA TAT GAG TTG AGG TT-3′。扩增总体系为 50μL，内含 2×Premix Taq 溶液（含 DNA 聚合酶、缓冲液、dNTP 混合液）25μL，上游、下游引物（10μmol/L）各 2μL，DNA 模板 6μL，ddH_2O 补足体系。PCR 热循环参数：95℃ 1min；94℃ 45s，65℃ 40s，72℃ 1min，共 35 次循环；72℃ 5min；4℃保存。

5. 凝胶电泳及测序分析

PCR 产物经 2％琼脂糖凝胶电泳（120V，23min），EB 染色，置于凝胶成像系统拍照分析。测序引物同 PCR 扩增引物，扩增产物由英潍捷登（北京）贸易有限公司测序，正反链双向测序以保证序列的准确性。应用 Chromas Version 2.6.5 软件查看测序结果，使用 MEGA7.0 软件将所测 22 个样本的基因序列进行剪切，在线 BLAST 搜索和序列比对。按邻接法对序列碱基组成、进化分歧率和系统发育树进行分析，Bootstrap 值为 1000。通过 DnaSP5.10 软件计算滑动窗口可变位点及单倍型分型结果，并运用 NETWORK5.0 软件包绘制单倍型网络图。

二、结果

本实验共收集 5 属 9 种 22 只丽蝇样本，获取虚拟样本 9 种丽蝇 ITS2 基因序列东南亚地区 21 条，序列经剪切拼接后长度为328bp。

1. BLAST 比对结果

在线BLAST比对结果显示，亮绿蝇、叉叶绿蝇、巨尾阿丽蝇、铜绿蝇和丝光绿蝇覆盖率100%，相似度较高（达99%）。通过搜索发现，GenBank中大头金蝇、叉丽蝇、反吐丽蝇、紫绿蝇ITS2基因序列未能完全覆盖本研究相应蝇种序列。

2. 系统发育树分析

运用MEGA7.0软件对所得43个样本基因序列进行分析，构建系统发育树（图5-1），按照不同属种聚类结果显示：自上而下形成8个群聚，为5只亮绿蝇和3只叉叶绿蝇、5只紫绿蝇、3只铜绿蝇、7只丝光绿蝇、6只大头金蝇、4只反吐丽蝇、4只叉丽蝇、6只巨尾阿丽蝇，Bootstrap检验可信度分别为100%、99%、100%、99%、100%、58%、100%和100%。亮绿蝇和叉叶绿蝇聚为一支，其他蝇属种间划分清晰，效果较好。

3. 序列分歧统计及多态性位点分析

经过对不同地区丽蝇5属9种43个蝇类个体ITS2基因序列遗传距离计算发现（表5-1）：不同蝇种的种内差异为0～0.070，其中反吐丽蝇的种内差异为0.004～0.070；亮绿蝇和叉叶绿蝇的种间差异为0，铜绿蝇和丝光绿蝇的种间差异为0.066～0.075，其余蝇种的种间差异为0.040～0.247。

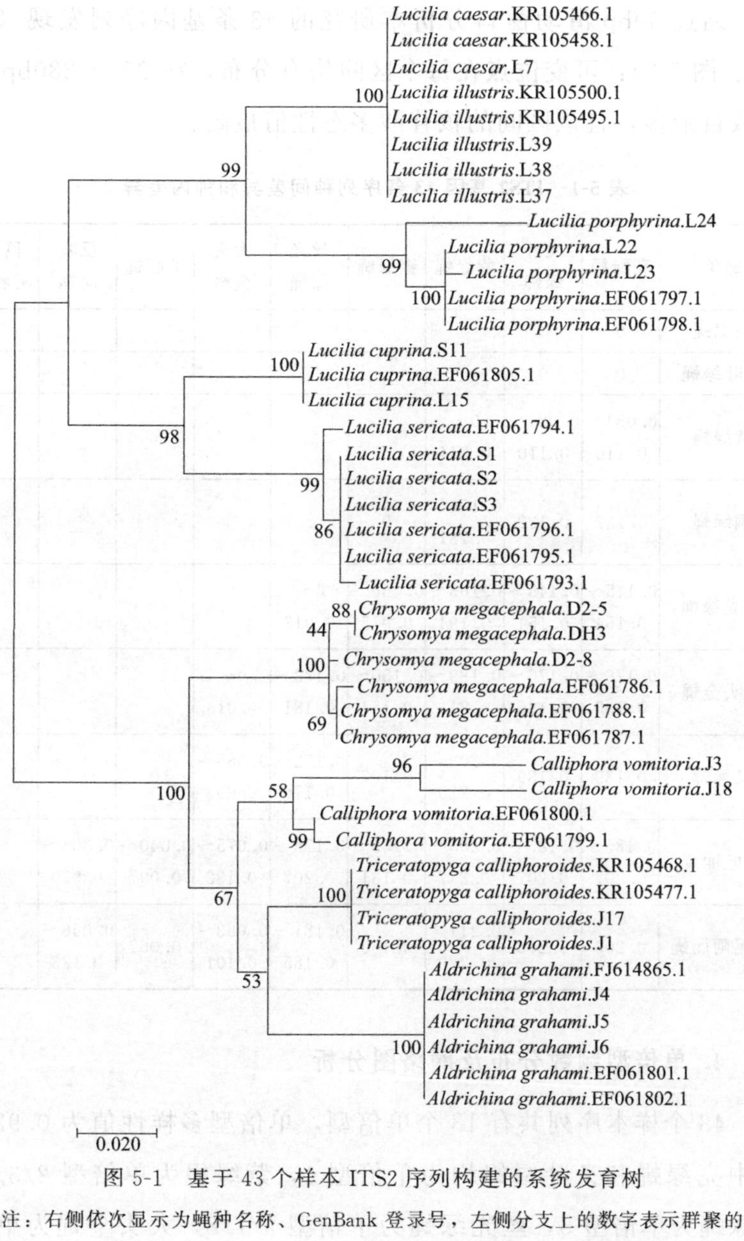

图 5-1　基于 43 个样本 ITS2 序列构建的系统发育树

注：右侧依次显示为蝇种名称、GenBank 登录号，左侧分支上的数字表示群聚的 Bootstrap 检验可信度（%），图左下方为标尺，表示 0.020 进化距离的长度。

通过 50bp 滑动窗口分析本研究的 43 条基因序列发现（图 5-2、图 5-3）：可变位点在每个区间均有分布，在 250～280bp 区间数目最多，且该区间的核苷酸多态性值最高。

表 5-1　ITS2 基因 43 条序列种间差异和种内差异

蝇类	亮绿蝇	叉叶绿蝇	紫绿蝇	铜绿蝇	丝光绿蝇	大头金蝇	叉丽蝇	反吐丽蝇	巨尾阿丽蝇
亮绿蝇	0								
叉叶绿蝇	0	0							
紫绿蝇	0.084～0.110	0.084～0.110	0～0.044						
铜绿蝇	0.132	0.132	0.159～0.181	0					
丝光绿蝇	0.145～0.154	0.145～0.154	0.163～0.194	0.066～0.075	0～0.013				
大头金蝇	0.176～0.185	0.176～0.185	0.189～0.211	0.150～0.154	0.172～0.181	0～0.013			
叉丽蝇	0.189	0.189	0.203～0.220	0.167	0.172～0.176	0.088～0.097	0		
反吐丽蝇	0.185～0.207	0.185～0.207	0.203～0.247	0.159～0.181	0.176～0.207	0.075～0.132	0.040～0.097	0.004～0.070	
巨尾阿丽蝇	0.203	0.203	0.211～0.229	0.185	0.181～0.185	0.093～0.101	0.062	0.066～0.123	0

4. 单倍型频数分布及网络图分析

43 个样本序列共有 18 个单倍型，单倍型多样性值为 0.926。其中亮绿蝇和叉叶绿蝇均为单倍型 1，紫绿蝇为单倍型 2/3/4，铜绿蝇为单倍型 5，丝光绿蝇为单倍型 6/7/8，大头金蝇为单倍型 9/10/11/12，叉丽蝇为单倍型 13，反吐丽蝇为单倍型 14/15/

16/17，巨尾阿丽蝇为单倍型 18。

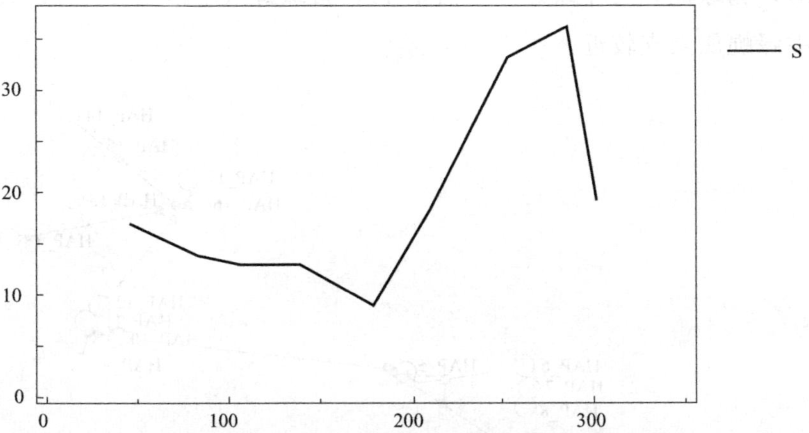

图 5-2　43 条序列的可变位点分布图

注：横坐标表示窗口中心位置（bp），纵坐标表示可变位点数。

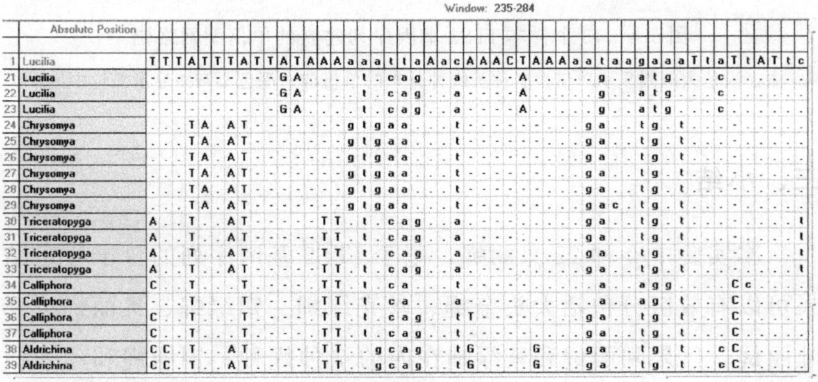

Window: 235-284

	Absolute Position	
1	Lucilia	TTTATTTATTATAAAaaaattaAacAAACTAAAaataagaaaTtaTtATtc
21	Lucilia	----------GA....t.cag..a----A.....g..atg...c......
22	Lucilia	----------GA....t.cag..a----A.....g..atg...c......
23	Lucilia	----------GA....t.cag..a----A.....g..atg...c......
24	Chrysomya	...TA.AT-------gtgaa...t-------..ga..tg.t...-.....
25	Chrysomya	...TA.AT-------gtgaa...t-------..ga..tg.t...-.....
26	Chrysomya	...TA.AT-------gtgaa...t-------..ga..tg.t...-.....
27	Chrysomya	...TA.AT-------gtgaa...t-------..ga..tg.t...-.....
28	Chrysomya	...TA.AT-------gtgaa...t-------..ga..tg.t...-.....
29	Chrysomya	...TA.AT-------gtgaa...t-------..gac.tg.t...-.....
30	Triceratopyga	A..T..AT-----TT.t.cag..a.------..ga..tg.t...-....t
31	Triceratopyga	A..T..AT-----TT.t.cag..a.------..ga..tg.t...-....t
32	Triceratopyga	A..T..AT-----TT.t.cag..a.------..ga..tg.t...-....t
33	Triceratopyga	A..T..AT-----TT.t.cag..a.------..ga..tg.t...-....t
34	Calliphora	C..T...T----.TT.t.ca...t-------....a..agg....Cc....
35	Calliphora	-..T...T.---.TT.t.ca...a--------..a..ag.t...C.....
36	Calliphora	C..T...T.---.TT.t.cag..tT------..ga..tg.t...C.....
37	Calliphora	C..T...T.---.TT.t.cag..t-------..ga..tg.t...C.....
38	Aldrichina	CC.T..AT.---.TT..gcag..tG---.G...ga..tg.t..cC.....
39	Aldrichina	CC.T..AT.---.TT..gcag..tG---.G...ga..tg.t..cC.....

图 5-3　部分蝇类序列的可变位点分布图

单倍型分布网络图（图 5-4）显示，18 个单倍型之间整体呈单向连接，各蝇种聚簇特点较明显，从上往下共 6 个聚簇，依次为：叉丽蝇、反吐丽蝇和巨尾阿丽蝇（单倍型 13～18），大头金蝇（单倍型 9～12），铜绿蝇（单倍型5），丝光绿蝇（单倍型 6～8），亮绿蝇和叉叶绿蝇（单倍型 1），紫绿蝇（单倍型 2～4）；其中绿蝇属聚支较近。

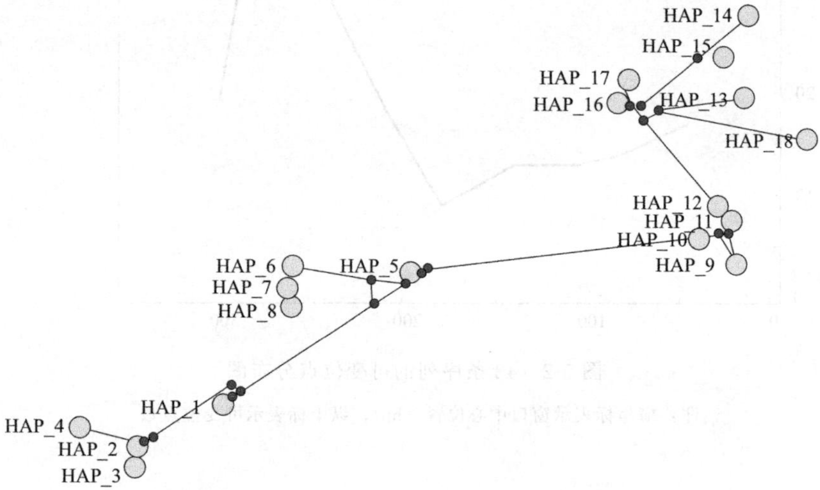

图 5-4　43 个样本 ITS2 基因序列建立的单倍型网络图

注：浅色大圆圈显示单倍型名称及蝇种分布的单倍群；深色小圆圈显示矢量中值。

三、小结

本实验中 9 种 22 只丽蝇，基于 ITS2 基因序列的分子鉴定结果可以有效区分包括大头金蝇、丝光绿蝇、铜绿蝇、叉丽蝇、反吐丽蝇、巨尾阿丽蝇和紫绿蝇在内的 7 种蝇种；铜绿蝇和丝光绿蝇的聚类清晰，支持率高，种间差异为 0.066～0.075。联合 GenBank 数据库中国地区（叉丽蝇、亮绿蝇、叉叶绿蝇来自韩国地区）的相应蝇种共 43 条序列分析，结果与此一致。7 种嗜尸性丽蝇可准确聚支，即大头金蝇、丝光绿蝇、铜绿蝇、叉丽蝇、反吐丽蝇、巨尾阿丽蝇和紫绿蝇，而姊妹蝇种的亮绿蝇和叉叶绿蝇同聚一支。本研究的 4 只反吐丽蝇尽管清晰聚树，但序列种内差异最大为 0.004～0.070，从而导致蝇种的种内和种间差异发生交叉。

但这一现象提示，不同地区间反吐丽蝇存在地理种属的可能，这与 Song[5] 等研究发现一致。铜绿蝇和丝光绿蝇的聚类清晰，支持率高，种间差异为 0.066～0.075，远大于 COⅠ[6,7]、16S rDNA[8] 和 28S rRNA[9,10] 等分子标记目前关于这一对姊妹蝇种的报道，这一结果提示，ITS2 基因可以较好地区分铜绿蝇和丝光绿蝇。但这一遗传标记对叉叶绿蝇和亮绿蝇的分子鉴定有效性较低，与欧洲文献研究一致[3]，但也有报道[11] 称，尽管种间差异非常低，ITS2 基因序列仍可对这一对姊妹蝇种进行区分。因此关于两者的区分目前仍未得到解决。

通过滑动窗口序列分析可知，ITS2 基因 250～280bp 区间可变位点数目最多，核苷酸序列多态性值较高，这提示该区域为 ITS2 基因进行蝇类分子鉴定的核心序列片段，可为筛选多态性 SNPs 位点使用新技术探索提供参考[12]。43 个样本 18 个单倍型出现 6 个聚簇，结果表明丽蝇属、阿丽蝇属和叉丽蝇属间的亲缘关系较金蝇属、绿蝇属更近。可视化的结构反映了各蝇类序列间具有良好的匹配性，使种群水平的比较成为可能，但不能显示丽蝇地理种群的划分。利用 ITS2 基因进行丽蝇序列多态性分析可以有效区分包括大头金蝇、叉丽蝇、反吐丽蝇、巨尾阿丽蝇、紫绿蝇、铜绿蝇和丝光绿蝇在内的 7 种蝇种，对于亮绿蝇和叉叶绿蝇仍需进一步开发新的遗传标记及扩大样本数据，这对防止错误识别和增强结果的有效性具有重要意义。

第二节
近缘种铜绿蝇和丝光绿蝇 ITS2 基因序列分析

许多具有重要法医学意义的嗜尸性蝇类的幼虫表型相似，利用形态学特征鉴别种属既耗时又困难。目前，利用分子标记，特别是短序列片段作为种属鉴定工具受到了极大的关注。基于 ITS2 基因对 9 种 22 只丽蝇的研究发现，2 只铜绿蝇和 3 只丝光绿蝇聚类清晰，支持率高，种间差异远大于 COⅠ 和 28S rRNA 等分子标记目前关于这一对姊妹蝇种的报道。本研究以铜绿蝇和丝光绿蝇为研究对象，筛选基因库序列长度大于 300bp 的 ITS2 基因所有可用的同源序列，纳入一并分析，构建发育树，计算种内种间差异，并进行 DNA 序列多态性分析，以期进一步验证 ITS2 基因是否为区分铜绿蝇和丝光绿蝇这一姊妹蝇种的最佳分子标记。

一、材料与方法

同本章第一节中的材料与方法。

二、结果

本研究共获得 142 条铜绿蝇和丝光绿蝇的样本序列（包含收集 5 只样本），详见表 5-2。使用 MEGA7.0 软件将所得基因序列进行剪切，最终获得目标序列约 321bp。

1. 碱基组成分析

基因序列分析发现：在 321 个序列比对位点中保守位点（conserved sites）298 个，可变位点（variable sites）22 个，简约性信息位点（parsimonious-informative sites）18 个，自裔位点（singleton sites）4 个。碱基平均组成为：A＝41.2%，G＝10.6%，C＝9.6%，T＝38.6%，A＋T＝79.8%，具有明显的 A＋T 倾向性。

2. 系统发育分析

以 1 只巨尾阿丽蝇（编号：J5；GenBank 登录号：KR105493.1）为外群，运用 MEGA 7.0 软件对 143 条基因序列构建 NJ 发育树，按照不同属种聚类结果显示（图 5-5）：自上而下共有 2 个群聚，116 只丝光绿蝇、26 只铜绿蝇，Bootstrap 检验可信度均为 99%。该对蝇种种间划分清晰，效果较好。而来自中国（EF061794）、伊朗（KF679780）、西班牙（KF825868/KF825822）和葡萄牙（KC794668/KC794666/KC794659/KC794655）的 8 条丝光绿蝇序列整体和其他丝光绿蝇序列单独聚支，支持率均为 65%。

3. 序列分歧统计及多态性位点分析

遗传距离计算发现：铜绿蝇的种内差异为 0～0.003，其中来自泰国的 2 条序列（JQ811313 和 JQ811312）与其他铜绿蝇的种内差异均为 0.003，其余铜绿蝇的种内差异均为 0；丝光绿蝇的种内差异为 0～0.007，铜绿蝇和丝光绿蝇的种间差异为 0.050～0.060。种内差异和种间差异均没有交叉。

通过 100bp 滑动窗口分析 142 条基因序列发现（图 5-6、图

5-7）：可变位点在每个区间均有分布，在206～319bp区间数目最多，且该区间的核苷酸多态性值最高。

4. 单倍型频数分布及网络图分析

142条序列共有8个单倍型，单倍型多样性频率为0.4248（图5-8）。其中铜绿蝇为单倍型1和单倍型2（Hap1/2），丝光绿蝇为单倍型3/4/5/6/7/8（Hap3/4/5/6/7/8）。其中来自伊朗（KF679780）、西班牙（KF825868/KF82 5822）和葡萄牙（KC794668/KC794666/KC794659/KC794655）的丝光绿蝇均为Hap4，来自中国的两条丝光绿蝇（EF061794/EF061793）分别为Hap5和Hap6，来自南非的两条丝光绿蝇（MH716087/MH716088）分别为Hap7和Hap8。

单倍型分布网络图（图5-9）显示，8个单倍型之间整体呈单向连接，该姊妹蝇种聚簇特点较明显，从左到右共2个聚簇，依次为丝光绿蝇（Hap3/4/5/6/7/8）和铜绿蝇（Hap1/2）。

三、小结

本实验中142条铜绿蝇和丝光绿蝇的ITS2基因序列系统发育树聚类清晰，支持率高，种间差异远大于COⅠ[6,9]、16S rDNA[3]、28S rRNA[9,10] 等分子标记目前关于这一对姊妹蝇种的报道。2条来自泰国的铜绿蝇与其他铜绿蝇的种内差异均为0.003，其余铜绿蝇的种内差异均为0，提示泰国普吉岛的铜绿蝇可能与其他地区的蝇种存在地理差异，但未在发育树结果中明确显示，对于泰国地区铜绿蝇的地理种群分布仍需进一步探索。通过滑动窗口序列分析可知，ITS2基因206～319bp区间可变位点数目最多，核苷酸序列多态性值较高，可知该区域为ITS2基因进行蝇类分子鉴定的核心序列片段。142 条序列共检测出 8 个单倍型，其中丝光绿蝇出现 6 个单倍型，铜绿蝇有 2 个单倍型，较好地显示出丝光绿蝇种内差异比铜绿蝇种内差异大。单倍型频数分布结果中，7 条分别来自伊朗、西班牙、葡萄牙的丝光绿蝇均为 Hap 4，其种内差异均为 0，提示这仅有的 1 条来自伊朗地区的丝光绿蝇可能与欧洲西南地区的种群拥有共同祖先或是来源于西欧地区的迁入种。而来自中国、南非的 4 条丝光绿蝇分别各为一个单倍型，这与 NJ 发育树结果显示相一致。该姊妹蝇种整体聚类准确，种内差异和种间差异未交叉重叠，与单倍型频数分布结果相一致。因此，采用 ITS2 基因对该姊妹蝇种进行序列多态性分析，不仅可快速有效对其种属进行区分，同时基于单倍型多态性可进一步探究其地理种群分布差异。

表 5-2 丝光绿蝇和铜绿蝇的 ITS2 基因序列来源地

基因	种名	长度	GenBank/EMBL 登录号	地区
ITS2	丝光绿蝇 *Lucilia sericata*	318bp	KR105587.1 KR105586.1 KR105585.1 KR105584.1 KR105583.1 KR105582.1 KR105581.1 KR105580.1 KR105579.1 KR105578.1 KR105577.1 KR105576.1 KR105575.1 KR105574.1 KR105573.1 KR105572.1	韩国
		318bp	EF061796.1 EF061795.1 EF061794.1 EF061793.1	中国
		480bp	KF679780.1	伊朗
		331bp	KF825871.1 KF825870.1 KF825869.1 KF825868.1 KF825867.1 KF825866.1 KF825865.1 KF825864.1 KF825863.1 KF825862.1 KF825861.1 KF825860.1 KF825859.1 KF825858.1 KF825857.1 KF825856.1 KF825855.1 KF825854.1 KF825853.1 KF825852.1 KF825851.1	西班牙

续表

基因	种名	长度	GenBank/EMBL 登录号	地区
ITS2	丝光绿蝇 *Lucilia sericata*	331bp	KF825850. 1 KF825849. 1 KF825848. 1 KF825847. 1 KF825846. 1 KF825845. 1 KF825844. 1 KF825843. 1 KF825842. 1 KF825841. 1 KF825840. 1 KF825839. 1 KF825838. 1 KF825837. 1 KF825836. 1 KF825835. 1 KF825834. 1 KF825833. 1 KF825832. 1 KF825831. 1 KF825830. 1 KF825829. 1 KF825828. 1 KF825827. 1 KF825826. 1 KF825825. 1 KF825824. 1 KF825823. 1 KF825822. 1	西班牙
		331bp	KC794671. 1 KC794670. 1 KC794669. 1 KC794668. 1 KC794667. 1 KC794666. 1 KC794665. 1 KC794664. 1 KC794663. 1 KC794662. 1 KC794661. 1 KC794660. 1 KC794659. 1 KC794658. 1 KC794657. 1 KC794656. 1 KC794655. 1 KC794654. 1 KC794653. 1	葡萄牙
		330bp	MH716094. 1 MH716093. 1 MH716092. 1 MH716091. 1 MH716090. 1 MH716089. 1 MH716088. 1 MH716087. 1 MH716086. 1 MH716085. 1	南非
		331bp	MF536074. 1 MF536068. 1 MF536053. 1	黎巴嫩
		331bp	KF225299. 1 KF225298. 1	德国
		328bp	JQ307791. 1	英国
		558bp	EF560187. 1	法国
		354bp	MT489392. 1 MT489391. 1 MT489390. 1 MT489389. 1 MT489388. 1 MT489387. 1	秘鲁
	铜绿蝇 *Lucilia cuprina*	333bp	EF061805. 1	中国
		391bp	JQ811319. 1 JQ811318. 1 JQ811317. 1 JQ811316. 1 JQ811315. 1 JQ811314. 1 JQ811313. 1 JQ811312. 1 JQ811311. 1 JQ811310. 1 JQ811309. 1 JQ811308. 1 JQ811307. 1 JQ811306. 1 JQ811305. 1 JQ811304. 1 JQ811303. 1	泰国

续表

基因	种名	长度	GenBank/EMBL 登录号	地区
ITS2	铜绿蝇 *Lucilia cuprina*	319bp	JX027547.1　JX027546.1　JX027545.1 JX027544.1	马来西亚
		347bp	MF536067.1	黎巴嫩
		573bp	EF560185.1	巴西

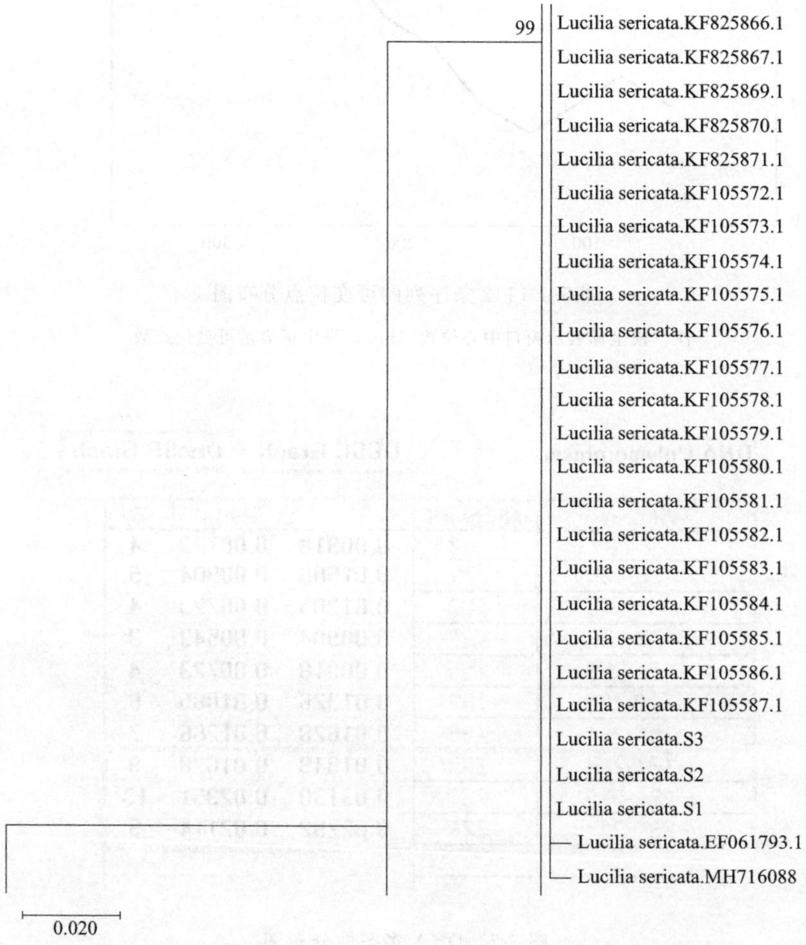

图 5-5　基于 143 个样本 ITS2 序列构建的系统发育树（部分截图）

注：右侧依次显示为蝇种名称、GenBank 登录号，左侧分支上的数字表示群聚的 Bootstrap 检验可信度（%），图左下方为标尺，表示 0.02 进化距离的长度。

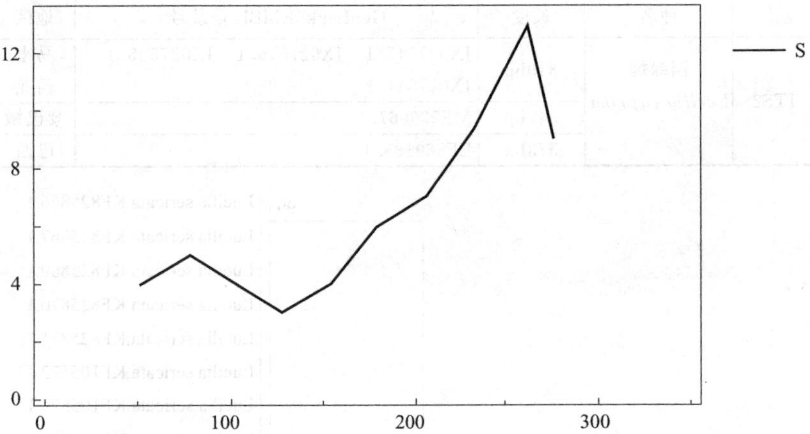

图 5-6　142 条序列的可变位点分布图

注：横坐标表示窗口中心位置（bp），纵坐标表示可变位点数。

DNA Polymorphism　　UCSC Graph　DnaSP Graph

Window	Midpoint	Pi	Theta	S
1-103	52	0.00918	0.00723	4
28-128	78	0.01506	0.00904	5
53-155	103	0.01205	0.00723	4
79-180	128	0.00904	0.00543	3
104-205	155	0.00918	0.00723	4
129-230	180	0.01326	0.01085	6
156-261	205	0.01628	0.01266	7
181-286	230	0.01943	0.01628	9
206-319	261	0.03130	0.02351	13
231-321	275	0.02752	0.02114	9

图 5-7　DNA 多态性分布图

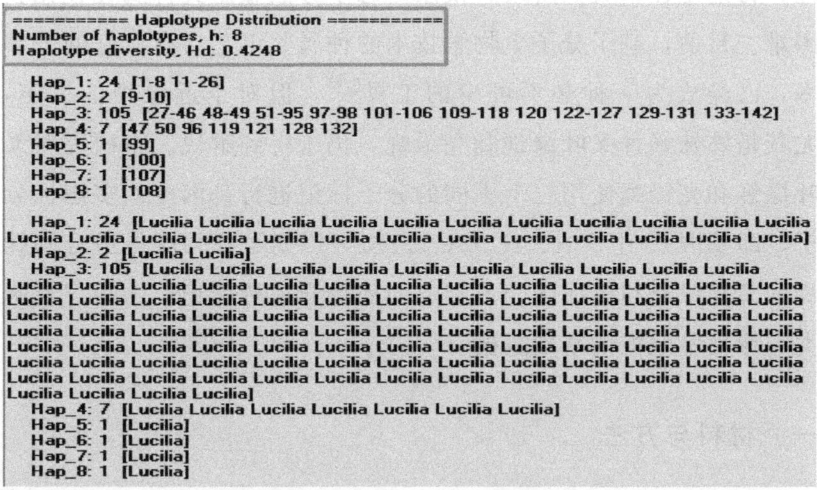

```
=========== Haplotype Distribution ===========
Number of haplotypes, h: 8
Haplotype diversity, Hd: 0.4248

   Hap_1: 24  [1-8 11-26]
   Hap_2: 2  [9-10]
   Hap_3: 105  [27-46 48-49 51-95 97-98 101-106 109-118 120 122-127 129-131 133-142]
   Hap_4: 7  [47 50 96 119 121 128 132]
   Hap_5: 1  [99]
   Hap_6: 1  [100]
   Hap_7: 1  [107]
   Hap_8: 1  [108]

   Hap_1: 24  [Lucilia Lucilia Lucilia Lucilia Lucilia Lucilia Lucilia Lucilia Lucilia Lucilia Lucilia
Lucilia Lucilia Lucilia Lucilia Lucilia Lucilia Lucilia Lucilia Lucilia Lucilia Lucilia Lucilia Lucilia]
   Hap_2: 2  [Lucilia Lucilia]
   Hap_3: 105  [Lucilia Lucilia Lucilia Lucilia Lucilia Lucilia Lucilia Lucilia Lucilia Lucilia
Lucilia Lucilia Lucilia Lucilia Lucilia Lucilia Lucilia Lucilia Lucilia Lucilia Lucilia Lucilia Lucilia
Lucilia Lucilia Lucilia Lucilia Lucilia Lucilia Lucilia Lucilia Lucilia Lucilia Lucilia Lucilia Lucilia
Lucilia Lucilia Lucilia Lucilia Lucilia Lucilia Lucilia Lucilia Lucilia Lucilia Lucilia Lucilia Lucilia
Lucilia Lucilia Lucilia Lucilia Lucilia Lucilia Lucilia Lucilia Lucilia Lucilia Lucilia Lucilia Lucilia
Lucilia Lucilia Lucilia Lucilia Lucilia Lucilia Lucilia Lucilia Lucilia Lucilia Lucilia Lucilia Lucilia
Lucilia Lucilia Lucilia Lucilia Lucilia Lucilia Lucilia Lucilia Lucilia Lucilia Lucilia Lucilia Lucilia
Lucilia Lucilia Lucilia Lucilia Lucilia Lucilia Lucilia Lucilia Lucilia Lucilia Lucilia Lucilia Lucilia
Lucilia Lucilia Lucilia Lucilia]
   Hap_4: 7  [Lucilia Lucilia Lucilia Lucilia Lucilia Lucilia Lucilia]
   Hap_5: 1  [Lucilia]
   Hap_6: 1  [Lucilia]
   Hap_7: 1  [Lucilia]
   Hap_8: 1  [Lucilia]
```

图 5-8　142 条序列单倍型频数分布图

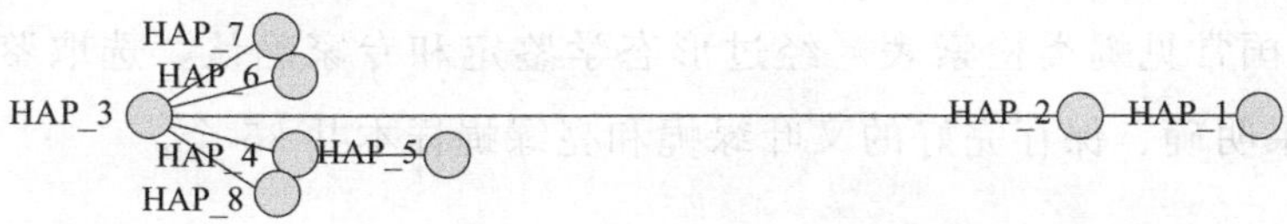

图 5-9　142 条 ITS2 基因序列建立的单倍型网络图

注：浅色圆圈显示单倍型名称及蝇种分布的单倍群。

第三节　多分子标记对叉叶绿蝇和亮绿蝇的序列分析

法医昆虫学中应用最多的是嗜尸性蝇类，其可将尸体上具有法医学意义的信息转移到它们体内或组织中，可为案件侦破提供新的切入点和线索。但由于种属多样性和不同种间的形态相似性，特别是在未成熟阶段，仅用形态学方法鉴定其种属往往比较困难。目前，基于分子生物学技术的种属鉴定，具有良好的分辨率，已经成为一种必不可少的工具[13]。但对于近缘种的鉴定，尤其是姊妹蝇种叉叶绿蝇和亮绿蝇，仍未得到解决。本研究对叉叶绿蝇和亮绿蝇使用三个不同的分子标记进行基因序列多态性分析，即基因 COⅠ、16S rDNA、ITS2，以期寻找并获得适合姊妹蝇种叉叶绿蝇和亮绿蝇分子鉴定的种特异遗传标记，为嗜尸性蝇类近缘种鉴定提供基础数据。

一、材料与方法

1. 样本收集

实验中所用样本均来自幼兔尸体上随机采集的蝇类，依据《中国常见蝇类检索表》经过形态学鉴定和专家确认，选取鉴定结果明确、保存完好的叉叶绿蝇和亮绿蝇样本共 35 个。

2. 虚拟样本来源

虚拟样本来自 GenBank 数据库和 EMBL 数据库，在数据库中分别以 2 种蝇类（叉叶绿蝇、亮绿蝇）和 COⅠ、16S rDNA、ITS2 为关键词进行索引，对中国地区 COⅠ 基因、全世界范围内 16S rDNA 和 ITS2 基因序列全部纳入本研究，经筛选共得到序列，见表 5-3。

表 5-3 来源于 GenBank 的叉叶绿蝇和亮绿蝇基因序列

基因	种名	GenBank/EMBL 登录号	地区
COⅠ	叉叶绿蝇 *Lucilia caesar*	KY031747.1 KY031746.1 KY031745.1 KY031744.1 KY001867.1 KY001866.1 KY001865.1	中国

续表

基因	种名	GenBank/EMBL 登录号	地区
COI	亮绿蝇 *Lucilia illustris*	KJ129552.1 KJ129551.1 KJ129550.1 KJ129548.1 KJ129547.1 KJ129546.1 KJ129545.1 KJ129544.1 KJ129543.1 KY031833.1 KY031832.1 KY031831.1 KY031830.1 KY031830.1 KY031829.1 KY031828.1 KY031827.1 FJ614828.1 KY001860.1 KY001861.1 FJ614827.1 KY001862.1	中国
ITS2	叉叶绿蝇 *Lucilia caesar*	KF825944.1 KF825943.1 KF825942.1 KF825941.1 KF825940.1 KF825939.1 KF825938.1 KF825937.1 KF825936.1 KF825935.1 KF825934.1 KF825933.1 KF825932.1 KF825931.1 KF825930.1 KF825929.1 KF825928.1 KF825927.1 KF825926.1 KF825925.1 KF825924.1 KF825923.1 KF825922.1 KF825921.1 KF825920.1 KF825919.1 KF825918.1 KF825917.1 KF825916.1 KF825915.1 KF825914.1 KF825913.1 KF825912.1 KF825911.1 KF825910.1 KF825909.1 KF825908.1 KF825907.1 KF825906.1 KF825905.1 KF825904.1 KF825903.1 KF825902.1 KF825901.1 KF825900.1 KF825899.1 KF825898.1 KF825897.1 KF825896.1 KF825895.1 KF825894.1 KF825893.1 KF825892.1 KF825891.1 KF825890.1 KF825889.1 KF825888.1 KF825887.1 KF825886.1 KF825885.1 KF825884.1 KF825883.1 KF825882.1 KF825881.1 KF825880.1 KF825879.1 KF825878.1 KF825877.1 KF825876.1 KF825875.1 KF825874.1 KF825873.1 KF825872.1 KP699715.1 KP699714.1 KP699713.1 KP699712.1 KP699711.1 KP699710.1 KP699709.1 KP699708.1 KJ658237.1 KJ658236.1 KJ658235.1 KJ658234.1 KJ658233.1 KJ658232.1	西班牙

续表

基因	种名	GenBank/EMBL 登录号	地区
ITS2	叉叶绿蝇 *Lucilia caesar*	KJ658231.1 KJ658230.1 KJ658229.1 KJ658228.1 KJ658227.1 KJ658226.1 KJ658225.1 KJ658224.1 KJ658223.1 KJ658222.1 KJ658221.1 KJ658220.1 KJ658219.1 KJ658218.1 KJ658217.1 KJ658216.1 KJ658215.1 KJ658214.1 KJ658213.1 KJ658212.1 KJ658211.1 KJ658261.1 KJ658260.1 KJ658259.1 KJ658258.1 KJ658257.1 KJ658256.1 KJ658255.1 KJ658254.1 KJ658253.1 KJ658248.1 KJ658247.1 KP940431.1	西班牙
		NICC0250(JX295798) JX295795.1 NICC0251(JX295797) JX295796.1 KF225300.1 KF225301.1 KF225302.1 JX295800.1 JX295803.1	德国
		JX295794.1 JX295793.1 JX295792.1 JX295787.1 JQ307790.1 JQ307792.1 AF498034.1 AF498033.1 AF498032.1 AF498031.1 JX295806.1	英国
		JX295791.1 JX295790.1	波兰
		KR105465.1 KR105463.1 KR105461.1 KR105467.1 KR105466.1 KR105464.1 KR105462.1 KR105460.1 KR105459.1 KR105458.1	韩国
		KC794684.1 KC794683.1 KC794682.1 KC794681.1 KC794680.1 KC794679.1 KC794678.1 KC794677.1 KC794676.1	葡萄牙
		MF536055.1 MF536054.1	黎巴嫩
		JX295799.1	法国
		JX295801.1 JX295802.1 JX295804.1 JX295805.1	比利时
	亮绿蝇 *Lucilia illustris*	NICC0701(JX295800) JX295803.1	德国
		NICC0725(JX295806) AF498035.1 AF498038.1 AF498037.1 AF498036.1	英国
		NICC0067(JX295805) JX295802.1 NICC0609(JX295801) JX295804.1	比利时
		JX295799.1	法国

续表

基因	种名	GenBank/EMBL 登录号	地区
ITS2	亮绿蝇 *Lucilia illustris*	KR105498.1　KR105496.1　KR105504.1 KR105502.1　KR105501.1　KR105500.1 KR105499.1　KR105497.1　KR105495.1 KR105494.1　KR105503.1	韩国
		KF825971.1　KF825970.1　KF825969.1 KF825968.1　KF825967.1　KF825966.1 KF825965.1　KF825964.1　KF825963.1 KF825962.1　KF825961.1　KF825960.1 KF825959.1　KF825958.1　KF825957.1 KF825956.1　KF825955.1　KF825954.1 KF825953.1　KF825952.1　KF825951.1 KF825950.1　KF825949.1　KF825948.1 KF825947.1　KF825946.1　KF825945.1 KJ658238.1	西班牙
		KC794686.1　KC794685.1	葡萄牙
16S rDNA	叉叶绿蝇 *Lucilia caesar*	NICC0729(JX295745)　AY114186 NICC0731(JX295744)	英国
		NICC0251(JX295748)	德国
		GQ396699.1　GQ396690.1	中国
	亮绿蝇 *Lucilia illustris*	NICC0609(JX295751)	比利时
		GQ396697.1　GQ396692.1	中国

3. DNA 提取及扩增

取样本双前足 4 只，清洗，剪碎，用 Chelex-100-蛋白酶 K 法提取足部 DNA，冷冻保存备用。剩余样本组织装回原 ID 管，置－20℃保存。采用 Premix TaqTM 试剂盒分别对 COⅠ、ITS2、16S rDNA 基因目标片段进行扩增。

PCR 扩增总体系 50μL，内含 2×Premix Taq 溶液（含 DNA Polymerase、Buffer、dNTP Mixture）25μL，上游、下游引物（10μmol/L）各 2μL，DNA 模板 6μL，ddH_2O 补足体系。PCR 热循环参数及反应条件，见表 5-4。

表 5-4　基因 COⅠ、ITS2、16S rDNA 各扩增及电泳条件

基因	引物	PCR 扩增条件	电泳
COⅠ (678bp)	LCO1490（5′-GGT CAA CAA ATC ATA AAG ATA TTG G-3′） HCO2198（5′-TAA ACT TCA GGG TGA CCA AAA AAT CA-3′）	94℃ 1min；94℃ 1min，45℃ 1min30s，72℃ 1min 30s，共 5 次循环；94℃ 1min，50℃ 1.5min，72℃ 1min，共 35 次循环；72℃延伸 8min；4℃保存。	120V，30min
ITS2 (307～310bp)	F2814-2835（5′-TGC TTG GAC TAC ATA TGG TTG A-3′） R3295-3317（5′-GTA GTC CCA TAT GAG TTG AGG TT-3′）	95℃ 1min；94℃ 45s，65℃ 40s，72℃ 1min，共 35 次循环；72℃ 5min；4℃保存。	120V，23min
16S rDNA (525bp)	LR-J-12887（5′-CCG GTC TGA ACT CAG ATC ACG T-3′） LR-N-13398（5′-CGC CTG TTT AAC AAA AAC AT-3′）	94℃ 预变性 4min；94℃ 30s，48℃ 30s，72℃ 45s，共 35 次循环；72℃ 7min；4℃保存。	120V，26min

4. 凝胶电泳及测序分析

PCR 产物经 2% 琼脂糖凝胶电泳，EB 染色，电泳后置凝胶成像系统拍照分析。测序引物为 PCR 扩增引物，扩增产物由英潍捷登（上海）贸易有限公司测序。应用 Chromas Version 2.6.5 软件查看测序结果。应用 MEGA7.0 软件包将所得样本基因序列进行排序剪切，在线 BLAST 序列比对搜索，然后按邻接法对序列进行碱基组成、进化分歧率和系统发育树分析。并通过 DnaSP 5.10 软件滑动窗口对其基因序列进行多态性分析。

二、结果

本研究共采集获得 35 个绿蝇样本 DNA，三种分子标记 COⅠ、ITS2、16S rDNA 扩增产物长度经过正反向拼接，手工校正以去除低质量区段，得到最后可供比较分析的高质量序列 35 条，序列长度分别是 658bp、314bp、506bp。对样本序列进行 BLAST 在线比对（表 5-5），并将分子鉴定与形态学鉴定进行比

表 5-5　35 个绿蝇样本 COⅠ、ITS2、16S rDNA 基因序列在线 BLAST 比对结果

编号	35 个绿蝇样本 COⅠ 基因序列在线 BLAST 比对结果			35 绿蝇样本 ITS2 基因序列在线 BLAST 比对结果			35 个绿蝇样本 16S rDNA 基因序列在线 BLAST 比对结果		
	种	BLAST 比对结果	覆盖率/相似度	种	BLAST 比对结果	覆盖率/相似度	种	BLAST 比对结果	覆盖率/相似度
L37	亮绿蝇	KY031831.1 *Lucilia illustris*	100%/99.85%	亮绿蝇	MK579390.1 *Lucilia illustris*	100%/99.36%	亮绿蝇	KT272845.1 *Lucilia illustris*	100%/100.00%
L38	亮绿蝇	KY031829.1 *Lucilia illustris*	100%/100.00%	亮绿蝇	MK579390.1 *Lucilia illustris*	100%/99.36%	亮绿蝇	KT272845.1 *Lucilia illustris*	100%/100.00%
L39	亮绿蝇	EU880198.1 *Lucilia illustris*	100%/100.00%	亮绿蝇	KR105501.1 *Lucilia illustris*	100%/99.36%	亮绿蝇	KT272845.1 *Lucilia illustris*	100%/100.00%
L44	亮绿蝇	EU880198.1 *Lucilia illustris*	100%/100.00%	亮绿蝇	KR105501.1 *Lucilia illustris*	100%/99.36%	亮绿蝇	KT272845.1 *Lucilia illustris*	100%/100.00%
L45	亮绿蝇	KY031829.1 *Lucilia illustris*	100%/100.00%	亮绿蝇	KR105501.1 *Lucilia illustris*	100%/99.36%	亮绿蝇	KT272845.1 *Lucilia illustris*	100%/100.00%
L46	亮绿蝇	KY031828.1 *Lucilia illustris*	100%/100.00%	亮绿蝇	KR105501.1 *Lucilia illustris*	100%/99.36%	亮绿蝇	KT272845.1 *Lucilia illustris*	100%/100.00%
L48	绿蝇	MG115818.1 *Lucilia sp.*	100%/100.00%	亮绿蝇	MK579390.1 *Lucilia illustris*	100%/99.36%	亮绿蝇	KT272845.1 *Lucilia illustris*	100%/100.00%
L50	亮绿蝇	KY031828.1 *Lucilia illustris*	100%/100.00%	亮绿蝇	MK579390.1 *Lucilia illustris*	100%/99.36%	亮绿蝇	KT272845.1 *Lucilia illustris*	100%/100.00%
L52	亮绿蝇	KY031833.1 *Lucilia illustris*	100%/100.00%	亮绿蝇	MK579390.1 *Lucilia illustris*	100%/99.36%	亮绿蝇	KT272845.1 *Lucilia illustris*	100%/100.00%
L53	亮绿蝇	KY031828.1 *Lucilia illustris*	100%/100.00%	亮绿蝇	MK579390.1 *Lucilia illustris*	100%/99.36%	叉叶绿蝇	JX295747.1 *Lucilia caesar*	100%/100.00%
L54	绿蝇	MG115918.1 *Lucilia sp.*	100%/100.00%	亮绿蝇	MK579390.1 *Lucilia illustris*	100%/99.36%	亮绿蝇	KT272845.1 *Lucilia illustris*	100%/100.00%

续表

编号	35 个绿蝇样本 COⅠ 基因序列在线 BLAST 比对结果			35 绿蝇样本 ITS2 基因序列在线 BLAST 比对结果			35 个绿蝇样本 16S rDNA 基因序列在线 BLAST 比对结果		
	种	BLAST 比对结果	覆盖率/相似度	种	BLAST 比对结果	覆盖率/相似度	种	BLAST 比对结果	覆盖率/相似度
L55	亮绿蝇	KY031828.1 *Lucilia illustris*	100%/100.00%	亮绿蝇	MK579390.1 *Lucilia illustris*	100%/99.36%	亮绿蝇	KT272845.1 *Lucilia illustris*	100%/100.00%
L56	亮绿蝇	KY031831.1 *Lucilia illustris*	100%/100.00%	亮绿蝇	MK579390.1 *Lucilia illustris*	100%/99.36%	亮绿蝇	KT272845.1 *Lucilia illustris*	100%/100.00%
L57	亮绿蝇	KY031828.1 *Lucilia illustris*	100%/100.00%	亮绿蝇	KR105501.1 *Lucilia illustris*	100%/99.36%	叉叶绿蝇	JX295746.1 *Lucilia caesar*	98%/99.79%
L58	亮绿蝇	KY031829.1 *Lucilia illustris*	100%/100.00%	亮绿蝇	KR105501.1 *Lucilia illustris*	100%/99.36%	亮绿蝇	KT272845.1 *Lucilia illustris*	100%/100.00%
L59	亮绿蝇	KY031831.1 *Lucilia illustris*	100%/100.00%	亮绿蝇	MK579390.1 *Lucilia illustris*	100%/99.36%	亮绿蝇	KT272845.1 *Lucilia illustris*	100%/100.00%
L60	亮绿蝇	EU880198.1 *Lucilia illustris*	100%/100.00%	亮绿蝇	KR105501.1 *Lucilia illustris*	100%/99.36%	亮绿蝇	KT272845.1 *Lucilia illustris*	100%/100.00%
L61	亮绿蝇	KY031831.1 *Lucilia illustris*	100%/100.00%	亮绿蝇	MK579390.1 *Lucilia illustris*	100%/99.36%	亮绿蝇	KT272845.1 *Lucilia illustris*	100%/100.00%
L62	亮绿蝇	KY031833.11 *Lucilia illustris*	100%/100.00%	亮绿蝇	MK579390.1 *Lucilia illustris*	100%/99.36%	亮绿蝇	KT272845.1 *Lucilia illustris*	100%/100.00%
L63	绿蝇	MG115918.1 *Lucilia sp.*	100%/99.85%	亮绿蝇	MK579390.1 *Lucilia illustris*	100%/99.36%	亮绿蝇	KT272845.1 *Lucilia illustris*	100%/100.00%
L64	绿蝇	MG115918.1 *Lucilia sp.*	100%/99.85%	亮绿蝇	MK579390.1 *Lucilia illustris*	100%/99.36%	亮绿蝇	KT272845.1 *Lucilia illustris*	100%/100.00%
L66	亮绿蝇	KY031828.1 *Lucilia illustris*	100%/100.00%	亮绿蝇	MK579390.1 *Lucilia illustris*	100%/99.36%	亮绿蝇	KT272845.1 *Lucilia illustris*	100%/99.79%
L67	亮绿蝇	KY031830.1 *Lucilia illustris*	100%/99.85%	亮绿蝇	MK579390.1 *Lucilia illustris*	100%/99.36%	叉叶绿蝇	JX295747.1 *Lucilia caesar*	100%/100.00%

续表

编号	35 个绿蝇样本 COⅠ基因序列在线 BLAST 比对结果			35 绿蝇样本 ITS2 基因序列在线 BLAST 比对结果			35 个绿蝇样本 16S rDNA 基因序列在线 BLAST 比对结果		
	种	BLAST 比对结果	覆盖率/相似度	种	BLAST 比对结果	覆盖率/相似度	种	BLAST 比对结果	覆盖率/相似度
L69	亮绿蝇	KY031831.1 *Lucilia illustris*	100%/100.00%	亮绿蝇	MK579390.1 *Lucilia illustris*	100%/99.36%	叉叶绿蝇	JX295747.1 *Lucilia caesar*	100%/100.00%
L70	亮绿蝇	KY031828.1 *Lucilia illustris*	100%/99.85%	亮绿蝇	MK579390.1 *Lucilia illustris*	100%/99.36%	亮绿蝇	KT272845.1 *Lucilia illustris*	100%/100.00%
L71	亮绿蝇	KY031829.1 *Lucilia illustris*	100%/100.00%	亮绿蝇	MK579390.1 *Lucilia illustris*	100%/99.36%	亮绿蝇	KT272845.1 *Lucilia illustris*	100%/100.00%
L73	亮绿蝇	EU880198.1 *Lucilia illustris*	100%/100.00%	亮绿蝇	MK579390.1 *Lucilia illustris*	100%/99.36%	亮绿蝇	KT272845.1 *Lucilia illustris*	100%/100.00%
L74	亮绿蝇	KY031833.11 *Lucilia illustris*	100%/100.00%	亮绿蝇	MK579390.1 *Lucilia illustris*	100%/99.36%	亮绿蝇	KT272845.1 *Lucilia illustris*	100%/100.00%
L76	亮绿蝇	KY031829.1 *Lucilia illustris*	100%/100.00%	亮绿蝇	MK579390.1 *Lucilia illustris*	100%/99.36%	亮绿蝇	KT272845.1 *Lucilia illustris*	100%/100.00%
L77	亮绿蝇	EU880199.1 *Lucilia illustris*	100%/99.85%	亮绿蝇	MK579390.1 *Lucilia illustris*	100%/99.36%	亮绿蝇	KT272845.1 *Lucilia illustris*	100%/100.00%
L79	亮绿蝇	KY031828.1 *Lucilia illustris*	100%/100.00%	亮绿蝇	MK579390.1 *Lucilia illustris*	100%/99.36%	亮绿蝇	KT272845.1 *Lucilia illustris*	100%/100.00%
L5	亮绿蝇	KY031828.1 *Lucilia illustris*	100%/100.00%	亮绿蝇	MK579390.1 *Lucilia illustris*	100%/99.36%	亮绿蝇	KT272845.1 *Lucilia illustris*	100%/100.00%
L7	叉叶绿蝇	KM657111.1 *Lucilia caesar*	100%/100.00%	叉叶绿蝇	MK579393.1 *Lucilia caesar*	100%/99.36%	叉叶绿蝇	JX295746.1 *Lucilia caesar*	100%/100.00%
L8	亮绿蝇	KY031828.1 *Lucilia illustris*	100%/100.00%	亮绿蝇	MK579390.1 *Lucilia illustris*	100%/99.36%	亮绿蝇	KT272845.1 *Lucilia illustris*	100%/100.00%
L14	绿蝇	MG115918.1 *Lucilia sp.*	100%/100.00%	亮绿蝇	KR105501.1 *Lucilia illustris*	100%/99.36%	亮绿蝇	KT272845.1 *Lucilia illustris*	100%/100.00%

较，得到正确识别的百分匹配值：COI 85.7%，ITS2 100%，16S rDNA 88.6%。

1. 滑动窗口位点分析

通过滑动窗口分别对叉叶绿蝇和亮绿蝇的三个基因可用同源序列进行多态性分析（图 5-10），可以看到，序列间的差异位点

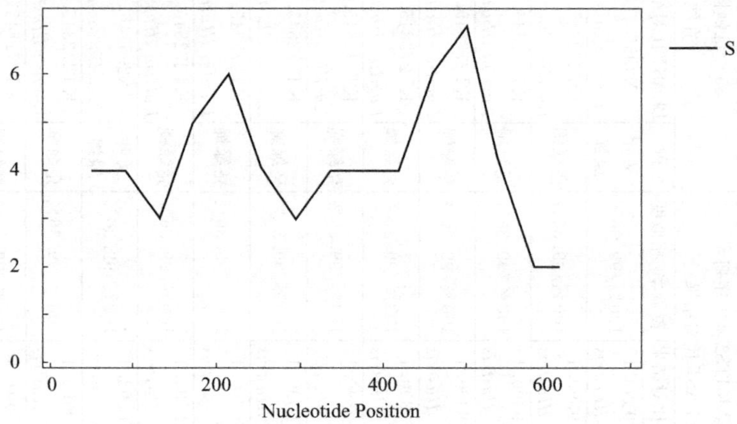

(a) COI 基因可变位点分布

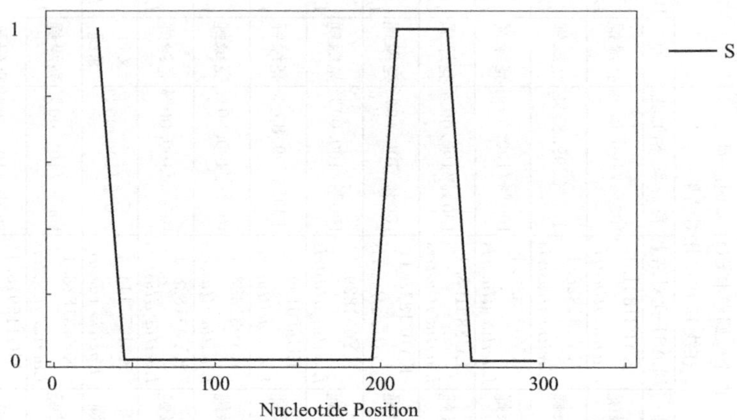

(b) ITS2基因可变位点分布

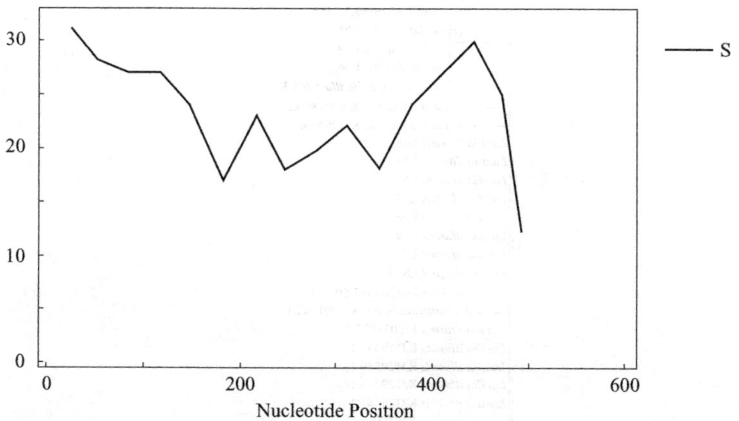

(c) 16S rDNA基因可变位点分布

图 5-10　滑动窗口可变位点分布图

注：横坐标表示窗口中心位置（bp），纵坐标表示可变位点个数。

在整个研究区段内均有分布。使用 100bp 的滑动窗口考察 COI 基因所有序列可变位点在 580～600bp 区间最少，500bp 附近最多。使用 50bp ITS2 基因的滑动窗口发现仅在 25～50bp 与 200～250bp 序列区间可变位点的最高值为 1，大部分区间无突变位点。同时对 16S rDNA 分子标记使用 50bp 滑动窗口显示在 20～30bp 与 410～460bp 附近的可变位点数最多，而在 480～500bp 附近的可变位点数最少。

2. 系统发育分析

对目标基因序列采用邻接法构建系统发育树，结果显示：COI 基因序列（图 5-11）发育树聚为两支，叉叶绿蝇和亮绿蝇可准确聚支；ITS2 基因序列显示，1 条亮绿蝇（JQ307790.1）和 1 条叉叶绿蝇（JQ307792.1）序列与其他蝇种序列差异显著，无论是否考虑这 2 条序列，建树结果均显示已收集的 35 只叉叶绿

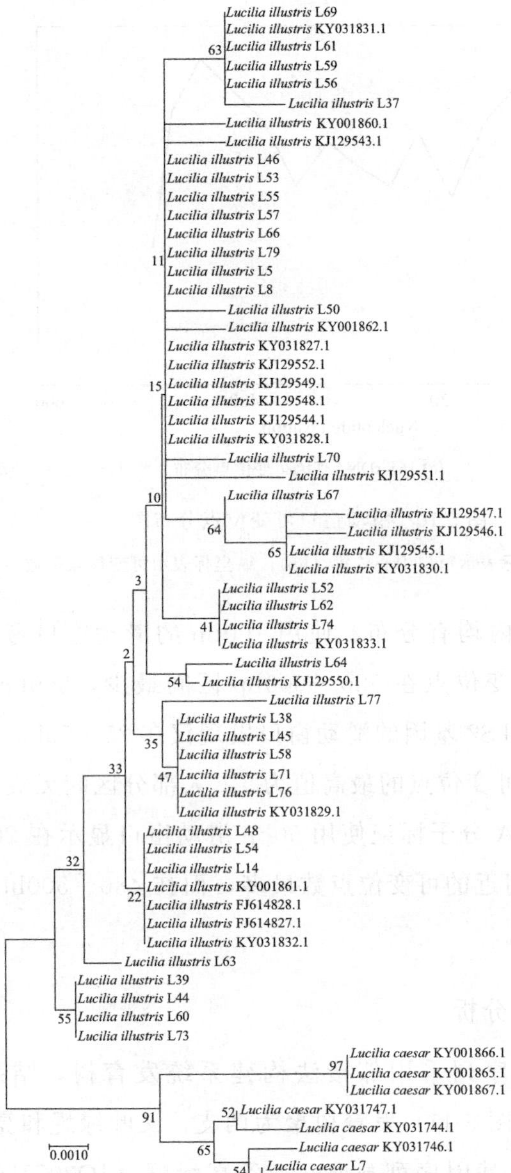

图 5-11　基于 64 个样本 COI 序列构建的系统发育树

注：右侧依次显示为蝇种名称、GenBank 登录号，左侧分支上的数字表示群聚的 Bootstrap 检验可信度（%），图左下方为标尺，表示 0.001 进化距离的长度。

蝇和亮绿蝇样本清晰聚支，而与基因库同源序列整体各自单独聚支（图 5-12）；16S rDNA 基因序列显示，同样出现 5 条与其他显著不同的碱基序列（AY114186.1、GQ396690.1、GQ396699.1、GQ396697.1、GQ396692.1），无论舍弃与否，蝇种聚支结果均不清晰（图 5-13）。

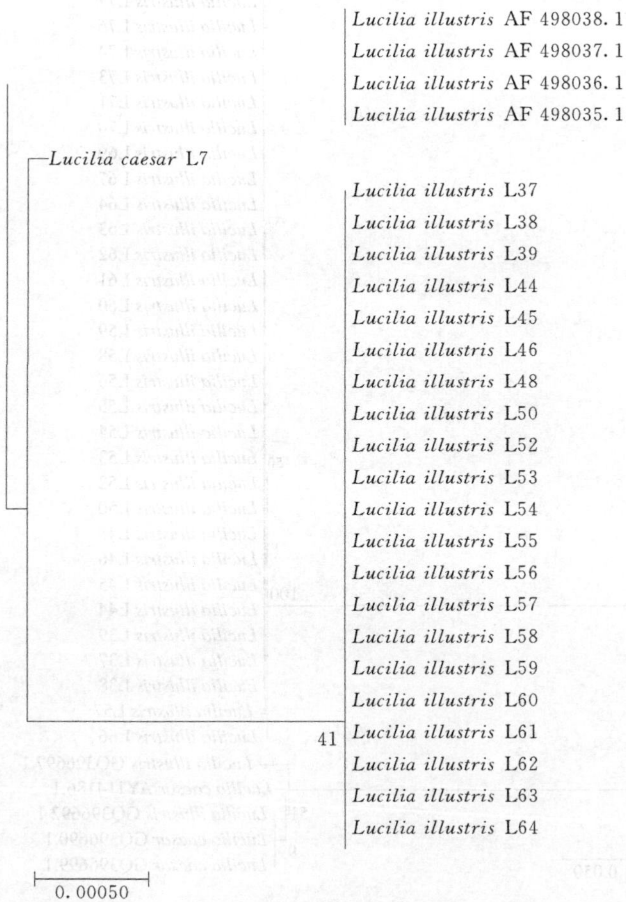

图 5-12　基于 248 个样本 ITS2 序列构建的系统发育树(部分截图)

注:右侧依次显示为蝇种名称、GenBank 登录号,左侧分支上的数字表示群聚的 Bootstrap 检验可信度(%),图左下方为标尺,表示 0.0005 进化距离的长度。

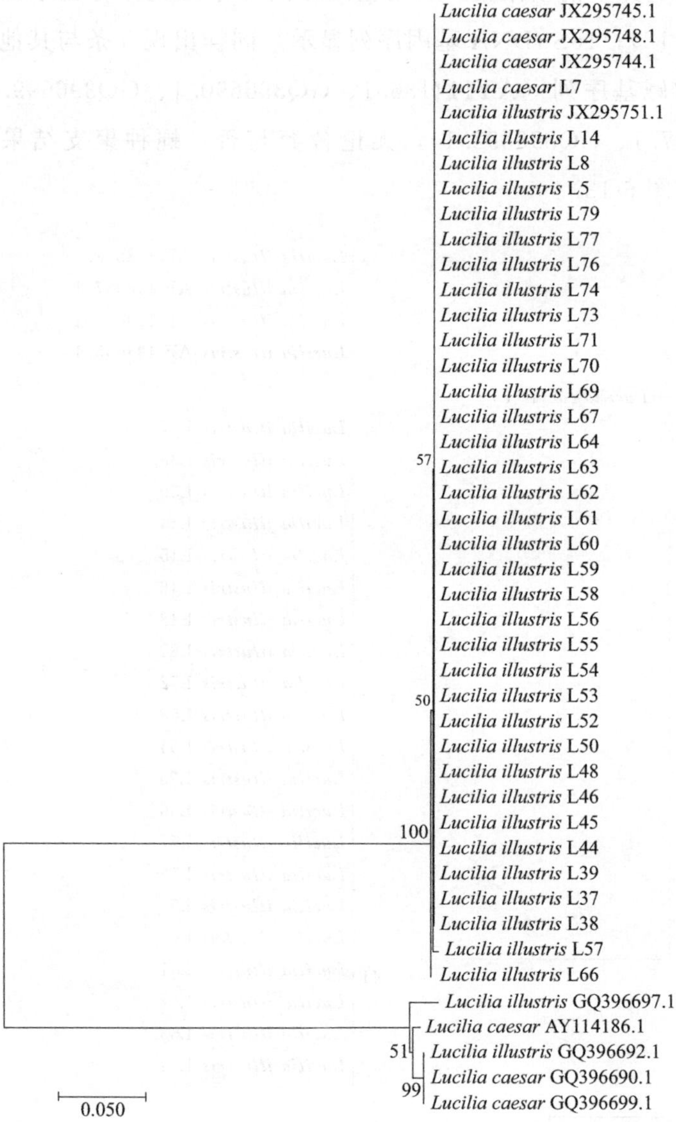

图 5-13　基于 44 个样本 16S rDNA 序列构建的系统发育树

注：右侧依次显示为蝇种名称、GenBank 登录号，左侧分支上的数字表示群聚的 Bootstrap 检验可信度（%），图左下方为标尺，表示 0.05 进化距离的长度。

3. 序列分歧统计

叉叶绿蝇和亮绿蝇的三种基因序列（COⅠ、ITS2、16S rDNA）的遗传距离计算，序列分歧统计结果见表 5-6。3 种分子标记的叉叶绿蝇和亮绿蝇种内种间差异分别均有重叠。尤其当 16S rDNA 基因包含这 5 条序列（AY114186.1、GQ396690.1、GQ396699.1、GQ396697.1、GQ396692.1）时，种内种间差异值达 0.792，而舍弃这 5 条序列时，种内种间差异值最大为 0.014，可见这 5 条序列与其他序列差异明显，原因有待分析。

表 5-6　3 种基因序列的种内种间进化分歧

蝇种	种间差异和种内差异		
	COⅠ	ITS2-a/b*	16S rDNA-a/b*
亮绿蝇/亮绿蝇	0～0.008	0～0.007/0～0.009	0～0.792/0～0.014
叉叶绿蝇/叉叶绿蝇	0～0.011	0～0.007/0～0.003	0～0.770/0
亮绿蝇/叉叶绿蝇	0.008～0.017	0～0.007/0～0.009	0～0.792/0～0.014

注：1. ITS2-a 含 JQ307790.1、JQ307792.1；ITS2-b 不包含 JQ307790.1、JQ307792.1。

2. 16S rDNA-a 含 AY114186.1、GQ396690.1、GQ396699.1、GQ396697.1、GQ396692.1。

3. 16S rDNA-b 不含 AY114186.1、GQ396690.1、GQ396699.1、GQ396697.1、GQ396692。

三、小结

对收集的 35 只叉叶绿蝇和亮绿蝇在线进行 COⅠ、ITS2 和 16S rDNA 基因比对，BLAST 比对结果显示分子鉴定与形态学鉴定的匹配值分别为 85.7%、100%、88.6%，结果显示分子鉴定与形态学鉴定的匹配值中 COⅠ 基因低于 ITS2 和 16S rDNA 基因，且叉叶绿蝇和亮绿蝇总是出现在最先搜索到的两个结果中，这种高序列同源性的结果也出现在 Oliveira 等[14]、Sonet 等[3]、Boehme 等[15] 的研究中。中国地区这一对姊妹蝇种的 COⅠ 基因同源序列建树，发现不同地区的叉叶绿蝇和亮绿蝇可准确聚支，但种内差异和种间差异出现重叠。Park 等[12] 筛选出 COⅠ 全序列蝇种特异性的 6 个单核苷酸多态性（SNPs）位点，成功区分韩国地区 11 种丽蝇，其中包括叉叶绿蝇和亮绿蝇，但仍建议对形态特征极其相似的近似种、近缘种采用多分子标记联合进行序列分析。

分别综合三种基因所有同源序列构建 NJ 发育树，结果显示 COⅠ 基因可聚支准确，16S rDNA 和 ITS2 序列均未准确聚支。且三种基因序列种内种间差异均有重叠，其中 ITS2 基因种内差异和种间差异为最小。滑动窗口考察可变位点数中，16S rDNA 较 COⅠ 和 ITS2 基因突变位点多，不同位置的突变速率也不同。

本研究对 35 只蝇本 ITS2 基因序列在线比对，结果显示相似度值均为 99.36%，低于 COⅠ 和 16S rDNA 的相似度值。世界范围内 ITS2 基因序列一并纳入计算可变位点可知，可变位点最高值仅为 1，大部分区间无突变，这与本身短序列长度有关，也可说明 ITS2 基因序列较为保守。NJ 发育树显示 248 条序列未能准确聚支，其中 35 只收集的叉叶绿蝇和亮绿蝇可清晰聚支，整体与其他地区的样本分开聚支，提示可能存在地理种群差异。种间差异和种内差异交叉重叠，因此，对于该姊妹蝇种 ITS2 基因分子鉴定效力较差，与 Park 等[11] 用 ITS2 基因序列成功区分叉叶绿蝇和亮绿蝇的研究结果不同。Song 等[5] 研究表明 ITS2 基因可推断蝇属间深层系统发育关系，而叉叶绿蝇和亮绿蝇的种内差异与种间差异没有明确的界限，序列变异值仅为 0.96%，Oliveira 等[14] 研究结果提示，这两个类群的配对种可能是最近分化或远亲谱系的 ITS2 区域具有不同的进化模式。中国地区对该姊妹蝇种进行 ITS2 基因的分子鉴定研究，尚未见报道。

采用 16S rDNA 基因对叉叶绿蝇和亮绿蝇分析可知，系统发育树聚支不清晰，且种间差异和种内差异交叉，无法准确识别叉叶绿蝇和亮绿蝇。这与 Sonet 等[3] 分析 NCBI 全数据库该姊妹蝇种的 16S rDNA 序列结果相同。目前，关于 16S rDNA 基因对该姊妹蝇种的文献报道相对较少，能否依此鉴别仍需进一步研究。

综上，尽管复杂的生态地理环境对昆虫群落演替影响较大，但基于各分子标记的特点，结合系统发育树、种内种间进化分歧及单倍型频数分布，多角度综合分析，可快速有效地通过 ITS2 基因对铜绿蝇和丝光绿蝇进行识别，而对于叉叶绿蝇和亮绿蝇显然无法仅通过 COⅠ、16S rDNA 及 ITS2 分子标记进行区分，需进一步扩大不同地区样本数据并开发新的遗传标记来提高近缘种分子识别能力。本研究联合 658bp COⅠ、314bp ITS2 和 506bp16S rDNA 基因片段未能提高叉叶绿蝇和亮绿蝇的分辨率，发育树提示这两个姊妹蝇种有杂交的可能，这需要进一步调查和求证。

参考文献

[1] 冉渊，张小园，吕宙．嗜尸性蝇类种属鉴定研究进展 [J]．法医学杂志，2021，37 (03)：305-317.

[2] Wells JD，Pape T，Sperling FA．DNA-based identification and molecular systematics of forensically important Sarcophagidae (Diptera) [J]．J Forensic Sci，2001，46：1098-1102.

[3] Sonet G，Jordaens K，Braet Y，Desmyter S．Why is the molecular identification of the forensically important blowfly species Lucilia caesar and L．illustris (family Calliphoridae) so problematic? [J]．Forensic Sci Int．2012，223：153-159.

[4] Boehme P，Amendt J，Zehner R．The use of COⅠ barcodes for molecular identifica-

tion of forensically important fly species in Germany [J]. Parasitol Res. 2012, 110: 2325-2332.

[5] Song Z, Wang X, Liang G. Species identification of some common necrophagous flies in Guangdong province, southern China based on the rDNA internal transcribed spacer 2 (ITS2) [J]. Forensic Sci Int. 2008, 175: 17-22.

[6] Zaidi F, Wei S J, Shi M, et al. Utility of Multi-Gene Loci for Forensic Species Diagnosis of Blowflies [J]. J Insect Sci. 2011, 11: 59.

[7] Harvey ML, Gaudieri S, Villet MH, Dadour IR. A global study of forensically significant calliphorids: implications for identification [J]. Forensic Sci Int. 2008, 177: 66-76.

[8] 王兴华. 16SrDNA 对中国常见嗜尸性丽蝇的种类鉴定及法医学意义 [D]. 长沙: 中南大学, 2011: 21.

[9] 赵琳琳, 翟仙敦, 郑哲等. 洛阳地区 9 种嗜尸性丽蝇 28S rRNA 和 COI 基因序列分析 [J]. 法医学杂志. 2019, 35: 57-62.

[10] 赵琳琳, 翟仙敦, 张振等. 基于 28S rRNA 基因序列对洛阳地区嗜尸性蝇类的分子鉴定 [J]. 法医学杂志. 2018, 34: 114-119.

[11] Park JH, Kim YH, Ham CS, et al. Molecular identification of forensically important calliphoridae and sarcophagidae species using ITS2 nucleotide sequences [J]. Forensic Sci Int. 2018, 284: 1-4.

[12] Park JH, Shin SE, Ko KS, et al. Identification of Forensically Important Calliphoridae and Sarcophagidae Species Collected in Korea Using SNaPshot Multiplex System Targeting the Cytochrome c Oxidase Subunit I Gene [J]. Biomed Res Int. 2018, 2018: 1-9.

[13] Wells JD, Stevens JR. Application of DNA-based methods in forensic entomology [J]. Annu Rev Entomol. 2008, 53: 103-120.

[14] Oliveira AR, Farinha A, Rebelo MT, et al. Forensic entomology: Molecular identification of blowfly species (Diptera: Calliphoridae) in Portugal [J]. FSI. 2011, 3: 439-440.

[15] Boehme P, Amendt J, Zehner R. The use of COI barcodes for molecular identification of forensically important fly species in Germany [J]. Parasitol Res. 2012, 110: 2325-2332.

第六章

嗜尸性蝇类序列分析的法医学意义

第一节 嗜尸性蝇类与死亡时间推断

虽然法医昆虫学在法医科学中有许多应用，但最常见是估计死亡后的间隔时间，即死亡时间（PMI）[1,2]。准确的推断死亡时间可以决定调查的总体方向，同时也为那些能够破译昆虫学线索的调查人员提供了更多的信息。虽然尸体在死后会有一些相当迅速的早期尸体现象（尸斑、尸僵和角膜混浊等），法医病理学家可以根据这些变化来估计死亡时间，但这些往往限于死后 72 小时内。通过法医昆虫学研究可以将死亡时间的推算延长至数天，甚至数周。

目前，法医昆虫学用于死亡时间推断的方法可以分为两大类。一类是直接推断法，法医昆虫学家可以通过在尸体上采集的卵或幼虫的发育历期来判断死亡时间。嗜尸性蝇类通常是第一批发现尸体遗骸的，在死亡后几分钟内就能到达。雌性蝇类可能在到达后几分钟内就开始繁殖产卵，幼卵逐渐发育成幼虫，所以说，死亡时间在多数情况下可以等于昆虫的定殖时间，我们可以根据蝇类幼虫的生长发育阶段来判断死亡时间。昆虫的生长发育要经过一系列的阶段，从羽化到成虫。昆虫在这些阶段的物理外观和在每个阶段的生长时间因物种和所处的环境而不同。例如，随着温度的升高，昆虫的发育周期通常会缩短，这就是为什么精确的气候数据对于根据昆虫证据计算和估计死亡时间至关重要[3]，因此，结合发现尸体现场的环境温度、湿度，在了解特定昆虫物种在特定温度下的发育速度后，可以直接推断出死亡时间。另一类是间接推断法，又称为有效积温法，将昆虫带回实验室，在一定温度下饲养，间接推断出昆虫的日龄，根据温度和时间之间的相关性来估计死亡时间。这是判断死亡时间最准确的方法之一。

但是，必须首先确定尸体上昆虫的物种，因为每个物种都有特定的生长速度和不同的行为特征，在进行法医分析时很难对广泛的分类群进行概括，如果没有正确的物种鉴定，使用这种方法估计死亡时间的误差会明显增加。准确识别遗骸上的物种是法医昆虫学分析的基础。

此外，当尸体死后经历时间更长（超过数周）以致无法通过幼虫（卵）发育规律来估算时，可以采用嗜尸性昆虫群落演替规律来进行死亡时间的推断，前提是需要在稳定的地理环境下，自然界中的人类尸体或动物尸体在死亡后会吸引大量昆虫前来繁衍觅食。随着时间的推移，尸体会经历一系列有规律的分解阶段，从新鲜尸体退化到骨骼。尸体对特定动物的吸引力随着腐烂的进程而变化，尸体上昆虫的种类和数量也随着时间的变化而变化，这种现象就称之为嗜尸性昆虫群落演替[4]。我们可以基于嗜尸性昆虫的演替规律进行死亡时间推断。在不同腐烂阶段的尸体节肢动物的吸引力不同。每一个分解阶段的尸体都吸引着一群不同种类的昆虫和节肢动物并在分解过程中支撑着庞大而迅速变化的生态系统[5]。

处于自然环境中的人类尸体上面，最多可以辨认出 8 个演替波次。例如，第一波到达的昆虫，如丽蝇科和麻蝇科，在腐烂的新鲜阶段被吸引到尸体上，这一阶段的特征是软组织的存在。这些苍蝇在尸体潮湿的地方产卵，随后利用软组织作为幼虫整个发育过程中唯一的食物来源。反过来，以缺乏软组织为特征的腐烂后期阶段使尸体不适用于同样早到的苍蝇。因此，在特定分解阶段的尸体上出现的昆虫群在某种程度上是可以预测的。已知某一特定区域和特定环境下昆虫在腐肉上演替的顺序时，可以通过对尸体上昆虫群的分析来确定死亡时间。当尸体在死亡几周、几个月或更长时间后被发现时，昆虫证据往往是确定死亡时间的唯一方法，这种方法被用于世界范围内的许多谋杀案调查。

然而，定居在遗骸上的昆虫的顺序、涉及的物种、到达和停留的时间受到各种因素的影响。当早期到达的昆虫从遗体上迁移时，它们总是留下它们存在的证据，如脱落的幼虫皮、空的蛹壳等。与此同时，遗骸本身也发生了变化，进入了吸引其他后来者的尸体分解阶段。因此，当尸体被发现时，法医昆虫学家不仅要研究尸体上的昆虫，还要研究早期抵达者留下的证据。从这些信息可以确定准确的死亡时间。昆虫在尸体上的演替受到地理区域、暴露程度、季节月份和生态环境等多种因素的影响[6]，但最重要的因素之一是发现腐尸的地理环境[7]。地理环境决定了该地区的生态、植被、土壤类型和气象条件。这显然对现存昆虫的种类、生长发育以及它们的体态特征有重大影响，同时也会造成地区间嗜尸性昆虫演替物种组成上的巨大差异。局部地理环境也会对昆虫群落产生影响，在同一地区的城市和乡村，或者同一地区的不同海拔，昆虫群落组成也存在较大差异。此外，即使是不同地区的同一个物种，其内部也可能存在差异。不同地理种群间的遗传学差异对于判断尸体是否已经从最初的死亡地点转移到另一个地点很有价值。不同季节不同月份对昆虫的活动规律也有明显影响，昆虫对温度变化极为敏感，温度变化的影响也不可忽视，风力和降雨会影响腐败气味的扩散和蝇类的飞行。昆虫在一具尸体上的可预测的演替规律一直被认为是估计死亡后时间的极好方法。然而，有许多复杂的原因可以影响腐尸昆虫群的时间和物种组成。了解所有可能影响昆虫在尸体上定居的因素，把握演替规律，是非常重要的。因此，我们需要开展进一步的研究，对不同地区不同季节的昆虫演替活动进行详细的调查和统计，以建立更多的昆虫演替地理数据库，同时，在分析死亡案例时考虑到温度、降雨、风力等因素影响。尽管昆虫学家进行了几十年的研究，对死亡时间的准确估计仍然是一项巨大的挑战。

在法医学研究中，使用重要的昆虫作为证据之前，对其进行鉴定是至关重要的。如上所述，估计死亡时间是基于正确的物种鉴定。在过去，形态学鉴定是昆虫鉴定的传统方法。在没有遗传分析的情况下，这些物种在形态上还不够明显，不能在幼虫期进行明确的鉴定，昆虫学家需要把幼虫培养到成虫阶段。由于成虫具有独特的形态。因此，在死亡现场收集保存活的昆虫标本非常重要，以便昆虫学家可以将活的幼虫培养到成虫阶段，从而更容易进行物种鉴定。

近年来，广泛的技术被应用于法医昆虫学，如扫描电子显微镜、实时高分辨率质谱、荧光显微镜、高含量成像技术、组织学技术、3D显微计算机断层扫描等。这些先进的技术将提高物种形态学识别的准确性和效率，促进法医昆虫学的发展。

仅基于形态学的识别有很大的局限性，比如对专业人员的要求很高。随着医学的发展和科技的进步，法医研究人员逐步建立了多种鉴别昆虫种类的替代方法。分子技术（DNA测序）对法医重要的嗜尸性蝇类进行快速和可靠的物种鉴定方面有了巨大的进展，分子鉴定方法现在更普遍地用于刑事案件和法医重要昆虫类群的系统发育研究，分子分析和形态学分析相结合将为根据昆虫证据估计死亡时间提供一种更为准确高效的方法。

DNA序列分析是一种有效的物种鉴定方法[8,9]。分子标记不受环境，检材状态的限制，无论物种在哪个时期，都可以快速准确地进行分子鉴定。目前较为成熟的分子标记种类较多，多态性较好，不同分子标记有其各自的优势和局限性，选择恰当的分子标记是DNA序列分析技术的关键。

目前对法医昆虫的应用研究仅限于对死亡时间的讨论，且在死亡时间推断中仍有许多难题要克服[10]。近几年来一大批以分子生物技术为核心的分子标记手段逐渐兴起，线粒体基因（mtDNA）片段和部分核片段的种类鉴定已经应用于法医昆虫物种鉴定领域的研究。并且随着DNA测序技术的不断成熟和发展，各个物种的mtDNA全序列数据库已经日臻完善。特别是部分法医相关物种mtDNA全序列的成功测定，标志着利用mtDNA全序列进行法医昆虫学物种鉴定及地域种群鉴定等方面的研究成为可能。近几年来关于对嗜尸性蝇类mtDNA的研究已明确了COI蛋白编码区可以作为生物鉴定DNA的靶标作用[11-13]。目前利用这一常规靶标片段来探讨种属之间的差异性已成为嗜尸性蝇类幼虫分子鉴定的热门。不过，目前的研究对不同地域不同种类基因序列差异性比较等研究（即物种鉴定）很多，而对某种嗜尸性昆虫地理性种群的研究，尤其是种群遗传基因型研究的报道较少。

第二节 嗜尸性蝇类与死亡地点推断

发现尸体的位置可能并不是案发的第一现场，找到案发第一现场对后续案件的侦破有着重要的意义。死亡地点的推断一直是法医学家研究的难题，法医昆虫学能够为死亡地点的推断提供线索。当尸体出现后的几分钟内，第一批到达的嗜尸性昆虫（通常为嗜尸性蝇类）就开始在尸体上取食、繁殖产卵。即使尸体在很短的时间内就进行转移，但也不可避免地会携带属于第一现场的昆虫幼卵，此时我们可以根据形态判断出，尸体上携带的昆虫幼卵如果是案发现场特有的物种，非本地物种，例如在陆地上发现水生生物[14]，这对推断死亡的第一现场意义重大。

死亡地点（第一案发现场）的推断是法医研究的难点和重点之一，尤其在交通运输十分便利的今天，尸体被处理并远距离抛尸更成为了罪犯逃避打击的一种选择[15]。以往法医昆虫学家主要根据不同种类昆虫的地理分布来分析死亡地点，理由是有研究发现：不同国家、不同地区的嗜尸性昆虫种类各不相同，即使是同一地区，室内和室外的嗜尸性昆虫也有可能不同[16]。传统方法需要有昆虫学背景知识的形态学家进行辨认，既耗时又费力，而且远距离抛弃的尸体上不一定每次都能发现案发地特有的昆虫种类。

根据目前法医学的研究进展，可用来确定犯罪现场是第一现场还是移尸后现场的科学方法有限。涉及此类案件，可以利用昆虫证据来进行推断，因为一些特定的昆虫物种一般不会偏离特定的地理区域。但是大多数嗜尸性物种，特别是嗜尸性蝇类，具有远距离飞行的能力，这使得很难将特定物种与特定地点或栖息地联系起来，将昆虫的分布区域作为远距离尸体迁移的指标。通过对当地环境气候下已知的演替模式相对比，比较是否存在差异，如某些物种的缺失或不寻常的组合，可能表明尸体转移或隐藏。某些昆虫龄期的存在或缺失也有关系，尤其是蝇类的幼虫或蛹会在尸体之外化蛹，因此在移尸后仍可被发现。

由于尸体出现后数分钟内就常有嗜尸性昆虫产卵，所以在合适的温度与环境下，移尸常常会使尸体发现地携带来自第一案发现场的嗜尸性蝇类的虫卵，导致首先孵化的蛹壳或幼虫往往是第一案发现场所属的。所以尸体上出现案发地携带来的特有昆虫就可以帮助警方推断是否为第一现场，但生物遗传多样性理论告诉我们，两个地理环境有显著差异性的地区是可以对其境内的物种产生歧化选择作用，从而导致同一物种在地理环境上产生隔离，在其遗传物质上产生改变。也就是远距离抛尸的话，尸体发现地和第一案发现场的同一物种的地理种群基因结构型是不一样的。

假如用分子生物手段分析：若某一种物种的地理种群基因型显示有非当地的基因结构，可以推断该物种滋生的尸体发生了死后迁移。因为不同经纬度带来的温湿度、光照等生态因素的异质性会对生物产生一定的歧化选择，导致地理种群遗传结构上发生改变，所以对同一物种利用分子生物学技术来开发快速、准确地鉴定尸体上常见昆虫来源地的研究项目，即判定尸体被发现的地方是否为第一案发现场的法医实践研究有十分必要的现实意义。

利用基因的差异来寻找反映地域差异性的标志，是因为尸体上检材首先孵化的蛹壳或幼虫根据现有的形态学理论可以很容易地检测出来，假如我们又引入物种地域差异性探讨的话，我们就可以从分子遗传生物学角度直接去判断是否为第一案发现场或者尸体最可能的来源地。那么我们应该选取何种遗传标记来进行基因结构型的研究呢？理想的遗传标记应该具有的特点是：均匀的分布、高度多态性、共显性遗传、能明确鉴别、检测方法简单、成本低、重复性好和便于数据分析，而线粒体基因（mtDNA）就具备这样的特点。

线粒体作为一种细胞器在所有真核生物中广泛存在，对于昆虫而言尤其存在于体内富含线粒体的翅膀肌肉和受精卵内，拷贝数很高且较容易提取分离[17,18]。因为 mtDNA 本身缺少核 DNA 的修护能力而易受地理环境影响发生突变，其突变概率是核 DNA 的 5～10 倍。并且与核基因组相比，线粒体基因组所有的基因都位于一个单一的环状 DNA 分子上其分子结构简单，基因组排列顺序高度保守稳定，基因组间不含间隔区和内含子，无重复序列与不等交换，几乎不发生倒位、易位畸变与遗传重组[19]。由于遵循严格的母系遗传，避免了双亲遗传方式引起的随机性，且只要少量的材料就能反映群体的遗传结构和遗传多样性情况，是一种非常重要且特异的分子标记手段[20]。因此是多数研究选择 mtDNA 作为研究对象的原因。

当前对法医昆虫遗传多样性的研究重点集中在对核基因中的核糖体 DNA 和线粒体 DNA 进行测序分析，而 mtDNA 蛋白编码基因的研究更是应用于昆虫学研究中的热点之一。随着测序技术的不断发展，大部分法医昆虫 mtDNA 序列均有代表性物种被测定。除了以往 COⅠ、COⅡ、ND1 和 ND5 基因经常用于分析亲缘关系密切的种、亚种及地理种群之间的系统关系外[21-23]，线粒体基因组中的12S rRNA、16S rRNA、Cytb基因和D-loop基因等线粒体部分基因作为分子标记已经被广泛应用于法医昆虫的系统发育关系中，利用贝叶斯推断法、最大似然法、邻接法对部分金蝇属及丽蝇科构建系统发育树[24]，探讨近缘种、属之间的亲缘关系的研究已经屡见不鲜。

2001年Jason H. Byrd等[11] 提出嗜尸性蝇类的群体遗传差异可以用于法医实践。2006年蔡继峰[25] 团队采集的8个地理种群的丝光绿蝇在线粒体DNA的COⅡ基因上，基因序列分析所得遗传距离与地理纬度差值间存在相关关系。Diakova等[26] 认为，蝇类种群遗传调查有助于估计基因流动，间接评估基因扩散。如在一个种内发现亚居群，应为每个亚居群获得法医分析基础的基本生物学信息。如果不同的区域基因型存在，那么尸体中的幼虫具有非本地基因型，意味着尸体死后可能有迁移。2018年刘钦来等认为[27]，地理隔离对我国丝光绿蝇线粒体细胞色素b基因的遗传多样性具有影响，可能对死亡地点的推测有所帮助。

整体来说，对于法医昆虫地理种群结构遗传多样性的研究，目前还仅处于起步和探索阶段，大多数研究的目的仅停留在利用mtDNA的某些蛋白编码序列进行昆虫物种的鉴定上。很少有某种嗜尸性昆虫地理性种群的研究，尤其是种群遗传基因型研究的报道较少，更缺乏利用该物种直接推断死亡地点的相关报道。

法医昆虫学家采用随机扩增多态性DNA（RAPD）、扩增片段长度多态性（AFLP）、微卫星（STR）和单链构象多态性（SSCP）等技术对昆虫进行鉴定，旨在提供更多廉价、方便的检测方法。随着技术的发展，新一代测序技术（next generation sequencing technologies，NGS）将会助力这一领域的发展。基于大数据分析的，地区优势蝇种序列之间的差异、序列编码区之间的差异、地域种群间的差异、种群内部的差异以及地理距离与遗传距离的相关性，将会被一一分析，最终筛选出最适合的地理种群用于法医研究与实践。

参考文献

［1］ Arnaldos M，Garcia M，Romera E，et al. Estimation of postmortem interval in real cases based on experimentally obtained entomological evidence. Forensic Sci Int 2005；149：57-65.

［2］ Brown Katherine，Thorne Alan，Harvey Michelle. Calliphora vicina (Diptera：Calliphoridae) pupae：a timeline of external morphological development and a new age and PMI estimation tool. ［J］. International journal of legal medicine，2015，129 (4).

［3］ Ines M. J. Hofer，Andrew J. Hart，Daniel Martín-Vega，et al. Estimating crime scene temperatures from nearby meteorological station data ［J］. Forensic Science International，2020，306.

［4］ Davood Keshavarzi，Mohammad Ali Zaimy，Mustapha Ahmed Yusuf，et al. Insect succession on carrion in Fars Province，southwestern Iran ［J］. Egyptian Journal of Forensic Sciences，2019，9 (1).

［5］ Marta I Saloña-Bordas. FORENSIC ENTOMOLOGY：THE UTILITY OF ARTHROPODS IN LEGAL INVESTIGATIONS. 3RD ED ［J］. European Journal of Entomology，2020，117.

［6］ Gail S. Anderson M. P. M.，Ph. D.. Comparison of Decomposition Rates and Faunal Colonization of Carrion in Indoor and Outdoor Environments ［J］. Journal of Forensic Sciences，2011，56 (1).

［7］ Mohr Rachel M，Tomberlin Jeffery K. Environmental factors affecting early carcass attendance by four species of blow flies (Diptera：Calliphoridae) in Texas. ［J］. Journal of medical entomology，2014，51 (3).

［8］ Chutharat Samerjai，Kabkaew L. Sukontason，Narin Sontigun，et al. Mitochondrial

DNA-Based Identification of Forensically Important Flesh Flies (Diptera: Sarcophagidae) in Thailand [J]. Insects, 2019, 11 (1).

[9] Ting Ma, Jia Huang. Assessing Species Identification of the Genus Chrysomya (Diptera: Calliphoridae) by DNA Barcoding [J]. Proceedings of the Entomological Society of Washington, 2019, 121 (4).

[10] 田野，李西宁．中国法医昆虫学的研究进展 [C]// 中国法医学会·全国法医临床学学术研讨会．2015.

[11] Mazzanti M, Alessandrini F, Tagliabracci A, et al. DNA degradation and genetic analysis of empty puparia: genetic identification limits in forensic entomology [J]. Forensic Science International, 2010, 195 (1-3): 99-102.

[12] 王新杰，王学海，刁立江，等．潍坊地区六种常见嗜尸性蝇类 mtDNA COI 区序列研究 [J]. 法医学杂志，2006，22 (2)：93-94.

[13] 杨静波，姜建军，王江峰．mtDNA-COI 和 ND5 基因用于鉴别常见嗜尸性蝇类 [J]. 中国法医学杂志，2012，27 (3)：201-204.

[14] Anderson G S, Hobischak N R. Decomposition of carrion in the marine environment in British Columbia, Canada [J]. International Journal of Legal Medicine, 2004, 118 (4): 206-209.

[15] 雅杰，陈瑞鹿．雷达观测空中飞行昆虫的有效距离 [J]. 应用昆虫学报，1997 (4)：201-203.

[16] Goff ML. Comparison of insect species associated with decomposing remains recovered inside dwellings and outdoors on the island of Oahu, Hawaii [J]. Journal of Forensic Sciences, 1991, 36 (3): 748-753.

[17] Stevens JR, West H, R. WALL. Mitochondrial genomes of the sheep blowfly, Lucilia sericata, and the secondary blowfly, Chrysomya megacephala [J]. Medical & Veterinary Entomology, 2008, 22 (1): 89-91.

[18] 智妍，葛振萍，张春田．基于线粒体 ND5 基因的昆虫分子系统学研究进展 [J]. 沈阳师范大学学报（自然科学版），2008，26 (3)：347-350.

[19] Wolstenholme D R. Animal mitochondrial DNA: structure and evolution [J]. International Review of Cytology, 1992, 141 (6): 173.

[20] Wilson A C, Cann R L, Carr S M, et al. Mitochondrial DNA and two perspectives on evolutionary genetics [J]. Biological Journal of the Linnean Society, 1985, 26

(4): 375-400.

[21] Sperling F A, Anderson G S, Hickey D A. A DNA-based approach to the identification of insect species used for postmortem interval estimation [J]. Journal of Forensic Sciences, 1994, 39 (2): 418.

[22] Malgorn Y, Coquoz R. DNA typing for identification of some species of Calliphoridae. An interest in forensic entomology [J]. Forensic Science International, 1999, 102 (2-3): 111-119.

[23] Wallman JF, Donnellan SC. The utility of mitochondrial DNA sequences for the identification of forensically important blowflies (Diptera: Calliphoridae) in southeastern Australia [J]. Forensic Science International, 2001, 120 (1-2): 60.

[24] Cameron SL, Lambkin CL, Barker SC, et al. A mitochondrial genome phylogeny of Diptera: whole genome sequence data accurately resolve relationships over broad timescales with high precision [J]. Systematic Entomology, 2007, 32 (1): 40-59.

[25] 蔡继峰，兰玲梅，陈瑶清，等．丝光绿蝇 COⅡ序列分析与地理种群分布的关系[J]. 法医学杂志．2006 (06): 401-403.

[26] Diakova AV, Schepetov DM, Oyun NY, et al. Assessing genetic and morphological variation in populations of Eastern European Lucilia sericata (Diptera: Calliphoridae) [J]. European Journal of Entomology, 2018, 115: 192-197.

[27] 刘钦来，修世鹏，吕品，等．中国丝光绿蝇种群线粒体细胞色素 b 基因的遗传多样性及其对法医学上死亡地点推断的意义 [J]. 昆虫学报，2018，61 (11): 1319-1327.

第七章

基于CNKI的嗜尸性蝇类文献分析

为进一步了解国内嗜尸性蝇类研究领域的学术进展和研究趋势，文章通过中国知网期刊数据库检索主题为嗜尸性蝇类分子鉴定研究的期刊文献（并含CSSCI）共计179篇，时间跨度为1983年至今，通过引文和知识图谱可视化分析的方法，对篇名、作者、关键词、研究机构、来源出版物等数据进行了统计分析，深入了解我国嗜尸性蝇类的研究进展与趋势，探讨该领域的主要学者流派、研究团队和机构、核心主题及其演进过程，以期对我国嗜尸性蝇类的后续研究提供启迪。

一、研究过程与分析

1. 年度分布与高产期刊

为了分析嗜尸性蝇类领域的研究进展，我们选取近40年的研究文献进行数量统计，时间段从1983年到2021年，将这38年的研究文献数量进行了时间趋势的分析，从图7-1中可以看出，从2004年开始嗜尸性蝇类为主题的研究文献开始增多，并且该研究领域一直处于稳步发展时期，2014年达到一个小高峰，发文量在14篇，2018至2020年3年的年度文献数量平均在19篇左右，预计2021年发文量达 23 篇左右，进入发文量的爆发期。

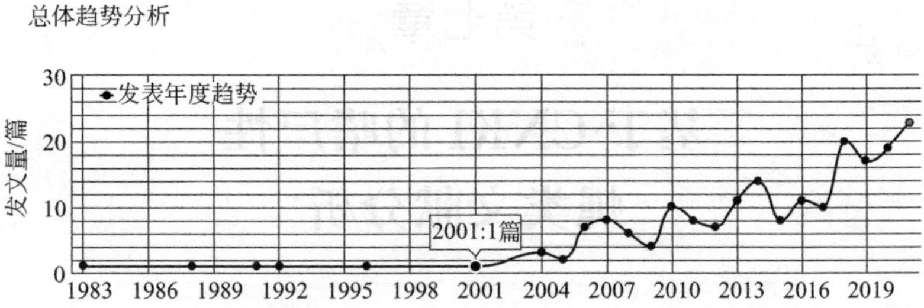

图 7-1　近 40 年嗜尸性蝇类领域研究文献数量趋势分析

为了进一步了解嗜尸性蝇类领域学术期刊的发文量情况，我们列出了前 20 名高产期刊，从图 7-2 可以看出，*Forensic Science International*、《法医学杂志》和《中国法医学杂志》名列前三，1983 年至今主题为嗜尸性蝇类的文章分别有 14 篇、12 篇和 11 篇，占所有该主题核心期刊发文量的 19.58%。说明这 3 本杂志对该领域的学术研究起到了很好的引领作用，前者为 SCI 期刊；《法医学杂志》由中华人民共和国司法部主管、司法鉴定科学研究院主办，是我国第一本向国内外公开发行的国家级法医学

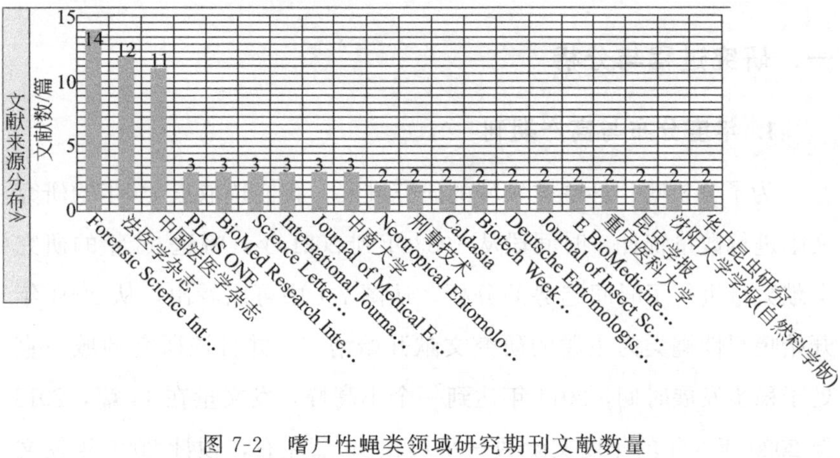

图 7-2　嗜尸性蝇类领域研究期刊文献数量

专业学术刊物；《中国法医学杂志》由中华人民共和国公安部主管，中国法医学会和公安部物证鉴定中心主办，是国内法医科学技术领域的国家级专业期刊。

2. 高产机构和高产作者

1983年至今的179篇主题为嗜尸性蝇类的核心期刊文献的学术研究机构分布广泛，作者群也十分广泛，通过对高产机构和高产作者的分析，可以进一步了解该学术领域研究共同体，深入剖析研究进展和未来发展趋势。图7-3列出了发文量前20名的高产学术研究机构，其中，中南大学位居首位，总发文量为10篇，各占所有期刊发文量的5.59%，其次是河南科技大学和四川大学，总发文量分别为6篇，各占所有期刊发文量的3.35%，第三为广东警官学院，总发文量为5篇，占所有期刊发文量的2.79%，研究优势也非常突出。接下来依次是西南政法大学、重庆医科大学和重庆市公安局、苏州大学、华南农业大学以及沈阳大学。从图7-4的高产作者来看，以主题为嗜尸性蝇类在核心期

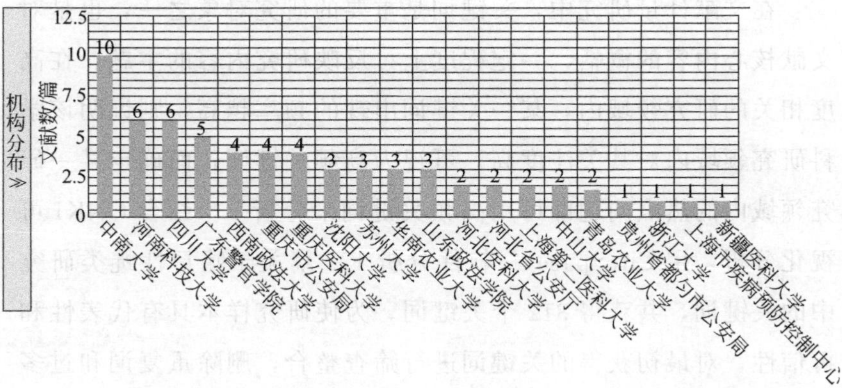

图7-3　发文量前20名的学术研究机构

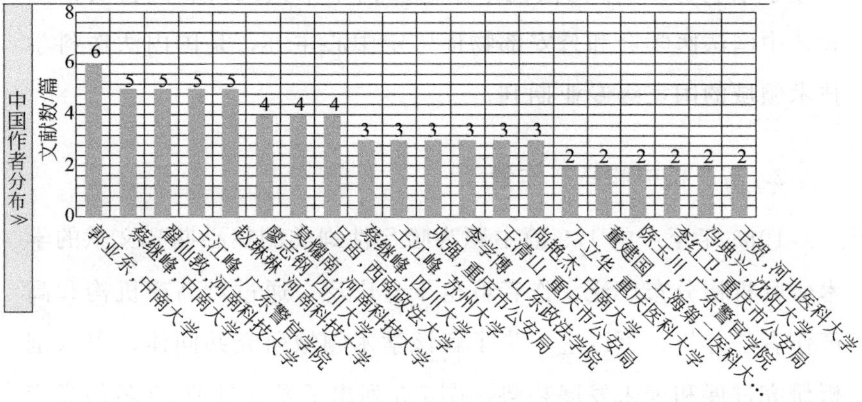

图 7-4　发文量前 20 名的学者

刊文献发文量统计，名列前三名的学者是中南大学郭亚东、蔡继峰教授团队最多，总发文量 16 篇；王江峰团队位居第二，总发文量为 10 篇，占所有核心期刊发文量的 5.59%；廖志刚、蔡继峰团队，总发文量为 7 篇，占 3.91%。

3. 研究热点与主题

在文献计量研究中，关键词是重要的研究对象之一，也是对文献核心内容的概括，一定程度上可反映研究内容的主题。在高度相关的研究领域内，某一关键词出现的频率越高，则说明该学科研究领域内对其关注度高，可视为高频关键词，而确定某一研究领域内的热点问题即可用高频关键词来分析[1]。结合 CNKI 可视化分析，用 CiteSpace[2] 软件分析 179 篇关于嗜尸性蝇类研究中的关键词，共获得 312 个关键词。为使研究样本具有代表性和可信性，对最初获得的关键词进行筛查整合，删除重复词和过多同义词，剔除表达有误、语义不准确、概括性不强等一些词语。最终选取了关键词出现频次≥2 的前 20 个关键词作为有效高频关键词。研究文献进行关键词共现的聚类分析，可以探究高频关键词的内在关系，高效地挖掘隐含和潜在的关系信息，揭示我国嗜尸性蝇类研究的前沿热点和发展规律（图 7-5、图 7-6 和表 7-1）。其中暴发率最高的 4 个关键词为嗜尸性蝇类、法医昆虫学、forensic entomology 和 necrophagous fly，这与 CNKI 主题词分析结果基本一致。自 1983 年始，嗜尸性蝇类和法医昆虫学，两者暴发持续时间分别为 2005—2014 年、2007—2014 年，持续时间段

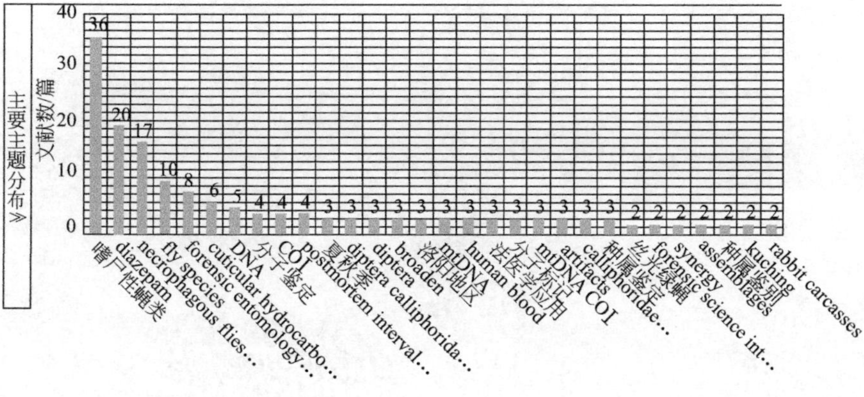

图 7-5　排名前 20 的主要主题词

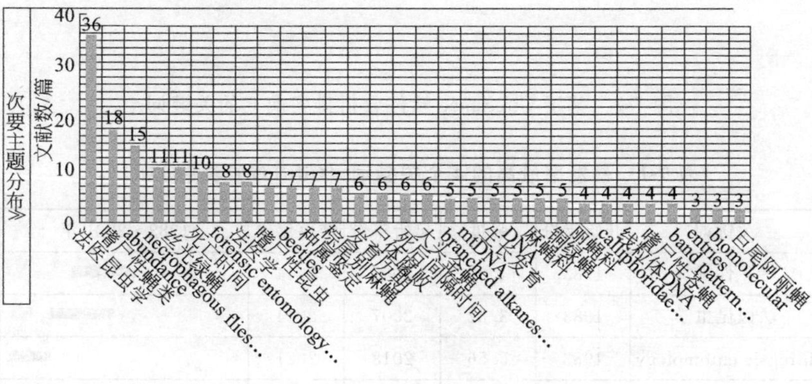

图 7-6　排名前 20 的次要主题词

基本一致；forensic entomology 和 necrophagous fly，两者暴发持续时间均为 2018—2021 年，持续时间段完全一致。合并分析后成为 2 个关键词：嗜尸性蝇类和法医昆虫学，这两个关键词分析发现，两者依旧是研究的热点。在此基础上，进行关键词网络分析发现，有关嗜尸性蝇类分子鉴定的排名靠前关键词显示分别为 COⅠ 基因、DNA、遗传多样性、分子鉴定、遗传距离、条形码以及 COⅡ 基因等（图 7-7）。

图 7-7　基于 CiteSpace 软件分析排名前 5 的关键词

表 7-1　暴发率最高的 4 个关键词（CiteSpace 软件分析）

关键词	开始年份	强度	起始年份	结束年份	1983～2021 年
嗜尸性蝇类	1983	4.09	2005	2014	
法医昆虫学	1983	3.82	2007	2014	
forensic entomology	1983	5.56	2018	2021	
necrophagous fly	1983	4.12	2018	2021	

4. 高被引文章和作者

高被引文章反映了学术论文对该领域的显著性影响和学术价值，以嗜尸性蝇类为主题的期刊文献中位居前十位的高被引文章及作者见表 7-2。排名第一的是陈庆及团队 2009 年发表于《昆虫学报》的文章《北京地区 7 种常见嗜尸性蝇类的 COⅠ 基因序列分析及 DNA 条形码的建立》，被引用 44 次。其中，蔡继峰教授团队和王江峰教授团队分别有 4 篇和 3 篇，王新杰及团队 1 篇，陈禄仕教授 1 篇。文献分布在 2004 年到 2012 年之间，其中《昆虫学报》2 篇，《法医学杂志》6 篇，《中国法医学杂志》1 篇，《贵阳医学院学报》1 篇。

表 7-2　基于 CNKI 排名前 10 的高被引文献（截至 2021 年 8 月）

题名	作者	来源	年/期	下载	被引
北京地区 7 种常见嗜尸性蝇类的 COⅠ 基因序列分析及 DNA 条形码的建立	陈庆，白洁，刘力等	昆虫学报	2009/02	651	44
16SrDNA 序列分析在嗜尸性蝇类鉴定中的应用	孙晓明，蔡继峰，应斌武等	法医学杂志	2006/01	335	34
呼和浩特地区夏秋季常见嗜尸性蝇类的研究	蔡继峰，陶涛，董建国等	法医学杂志	2004/03	136	28
五种常见嗜尸性蝇类的分子鉴定	王江峰，尹晓宏等	昆虫学报	2007/04	281	20
潍坊地区六种常见嗜尸性蝇类 mtDNA COⅠ 区序列研究	王新杰，王学海，刁立江等	法医学杂志	2006/02	128	20
利用嗜尸性蝇类生活史推测死亡时间	陈禄仕，徐庆，施枫	法医学杂志	2010/05	305	17
嗜尸性蝇类线粒体 DNA 分子标记检测的研究进展	蔡继峰，廖志钢	法医学杂志	2005/01	251	13
丝光绿蝇 COⅡ 序列分析与地理种群分布的关系	蔡继峰，兰玲梅，陈瑶清等	法医学杂志	2006/06	200	11
mtDNA COⅠ 和 ND5 基因用于鉴别常见嗜尸性蝇类	杨静波，姜建军，王江峰	中国法医学杂志	2012/03	170	9
贵阳地区常见嗜尸性蝇类丽蝇科 DNA 条形码的构建	张红玲，杨明，戴佳琳等	贵阳医学院学报	2012/05	87	9

二、研究结论与启示

本研究基于知识图谱可视化的方法，调查分析了主题为嗜尸性蝇类的核心期刊的179篇文献，研究发现，该领域的研究近40年一直处于稳定增长阶段，近5年发文量达到爆发期；*Forensic Science International*、《法医学杂志》和《中国法医学杂志》这三大期刊发文量居于前三位，对该领域的研究和发展起到了很好的推动作用，形成了以中南大学为首的研究机构，以郭亚东、蔡继峰、王江峰为首的若干高产学者。嗜尸性蝇类、法医昆虫学、COⅠ基因，DNA，遗传多样性，分子鉴定，遗传距离，条形码以及COⅡ基因等关键词成为当前的研究热点。从高被引文献的研究主题来看，法医昆虫学、嗜尸性蝇类、死亡时间、线粒体DNA的相关研究发展受到我国学界的高度重视，蔡继峰、王江峰、陈禄仕等一批高被引学者对该领域的研究起到了积极的促进作用。

本研究对嗜尸性蝇类的研究进展进行了较为全面的梳理，对今后的研究趋势和研究发展具有积极的启迪作用。首先，嗜尸性蝇类乃至整个法医昆虫学研究，虽属于小众学科，但仍旧蓬勃发展，并且形成了明显的高产研究团队。其次，关键词分析发现整个领域，嗜尸性蝇类分子鉴定主要目标在线粒体DNA若干片段基因上，核DNA的研究相对较少，有待于进一步加强。2020年，在司法部《法医类司法鉴定执业分类规定》（司规〔2020〕3号）中，已经明确将法医昆虫学列为执业类别之一[3]。该文件的颁布，使昆虫学证据终于能够合法有效地用于法庭审判阶段，法医昆虫学研究和应用也必将迎来新一轮高潮。因此也对我国死亡时间推断研究及法医昆虫学研究提出了更高的要求：加强研究得到更为准确的昆虫数据以夯实法医昆虫学的基础，开展昆虫入侵及发育机制、演替机制的深层次研究，开展嗜尸性昆虫组学研究，简化和优化法医昆虫学的应用及实现法医昆虫学的信息化。这些都是未来发展的趋势，但是，法医昆虫学要推广普及，必须解决的基本问题仍然是嗜尸性蝇类各虫态的种属鉴定[4]。

参考文献

[1] 陈悦，陈超美，胡志刚．引文空间分析原理与应用 [M]．北京:科学出版社，2014.

[2] Chen C．CiteSpace Ⅱ：Detecting and Visualizing Emerging Trends [J]. Journal of the American Society for Information Science & Technology，2006，57（3）：359-377.

[3] 王江峰．上下求索的中国法医昆虫学 [J]. 法医学杂志，2021，37（03）：293-294.

[4] 冉渊，张小园，吕宙．嗜尸性蝇类种属鉴定研究进展 [J]. 法医学杂志，2021，37（03）：305-317.